Atuação Consciente para uma Melhor Qualidade de Vida

SEBASTIÃO IVONE VIEIRA

Médico Sanitarista. Especialista em Medicina do Trabalho. Especialista em Medicina Desportiva. Perito Trabalhista. Mestre em Saúde Pública pela UFSC. Doutor em Engenharia de Produção pela UFSC. Prof. Adj. IV — Aposentado do SPB/CCS/UFSC.

Atuação Consciente para uma Melhor Qualidade de Vida

EDITORA LTDA.

Rua Jaguaribe, 571
CEP 01224-001
São Paulo, SP — Brasil
Fone (11) 2167-1101

LTr 4280.8
Março, 2011

Visite nosso site
www.ltr.com.br

Dados Internacionais de Catalogação na Publicação (CIP)
(Câmara Brasileira do Livro, SP, Brasil)

Vieira, Sebastião Ivone
  Atuação consciente para uma melhor qualidade de vida / Sebastião Ivone Vieira. — São Paulo : LTr, 2011.

  Bibliografia
  ISBN 978-85-361-1685-3

  1. Doenças — Prevenção 2. Medicina preventiva 3. Nutrição 4. Qualidade de vida 5. Saúde — Promoção 6. Saúde mental I. Título

---

10-08285   CDD-613

Índices para catálogo sistemático:

1. Qualidade de vida : Promoção da saúde 613

SUMÁRIO

NOTA EXPLICATIVA 9
INTRODUÇÃO 11
CAPÍTULO 1 — Atuação consciente 13
CAPÍTULO 2 — Estilo de vida 16
CAPÍTULO 3 — Atividades preventivas 18
3.1. Promoção da saúde 19
3.2. Proteção específica 20
3.3. Tipos de imunidade 20
3.4. Fundamentos imunológicos 21
    3.4.1. Fatores próprios das vacinas 21
    3.4.2. Fatores inerentes ao organismo que recebe a vacina: mecanismos básicos da resposta imune 21
    3.4.3. Integração de mecanismos básicos da resposta imune 22
    3.4.4. Integração de mecanismos de imunidade específica e inespecífica 24
3.5. Calendário básico de vacinação da criança 26
3.6. Calendário de vacinação do adolescente 27
3.7. Calendário de vacinação do adulto e do idoso 27
CAPÍTULO 4 — Nutrição racional 29
Parte 1 — Nutrologia 29
Parte 2 — Os grupos alimentares, a roda dos alimentos e a pirâmide alimentar 31
    1 — Os grupos alimentares 32
    2 — A roda dos alimentos 32
    3 — A pirâmide alimentar 35
Parte 3 — Valor calórico dos alimentos 43
Parte 4 — Os principais nutrientes e suas respectivas fontes 46
    1 — Estudo químico-fisiológico dos nutrientes energéticos 47
        1.1. — Proteínas 47
        1.2. — Gorduras 53
        1.3. — Glicídios 56

2 — Estudo químico — fisiológico dos nutrientes não energéticos 62
    2.1. — Água 62
    2.2. — Sais minerais ou elementos minerais 68
    2.3. — Vitaminas 72

Parte 5 — Cálculo de uma dieta 81
1 — Definição de termos 81
2 — Quantidades diárias recomendadas de nutrientes — Revisão de 1989 81
3 — Cálculo da dieta 82

Parte 6 — Algumas dietas recomendadas 96
1 — Dieta de 1.200 calorias 98
2 — Dieta de 1.500 calorias 98
3 — Dieta de 2.000 calorias 99

CAPÍTULO 5 — Prevenção do estresse 101
5.1. Introdução 101
5.2. Modelo básico de origem do estresse 104
    5.2.1. O espaço invisível psicológico 106
    5.2.2. Rompimento do espaço invisível psicológico e pressão no trabalho 108
    5.2.3. Introvertidos e extrovertidos 114
5.3. Diagnóstico do estresse 119
5.4. Prevenção do estresse 121
5.5. Considerações finais 123

CAPÍTULO 6 — Atividade física 124
Parte 1 — Exercícios físicos 124
Parte 2 — Peso corporal ideal 127

CAPÍTULO 7 — Envelhecimento com qualidade de vida 132

7.1. Benefícios fisiológicos 134
    7.1.1. Benefícios imediatos 134
    7.1.2. Benefícios em médio prazo 134
7.2. Benefícios psicológicos 135
7.3. Benefícios sociais 135
    7.3.1. Benefícios imediatos 135
    7.3.2. Benefícios em médio prazo 135

REFERÊNCIAS BIBLIOGRÁFICAS 137

ANEXO ESPECIAL — Tabela 12 — Composição química dos alimentos 139

NOTA EXPLICATIVA

O Prof. Sebastião Ivone Vieira desenvolveu este seu livro com a preocupação de oferecer um guia para a melhoria da qualidade de vida, através de condutas aplicadas às atividades de vida diária. Não pôde ver sua obra publicada. Deixou-nos, abruptamente, após adquirir doença respiratória aguda, em 13 de maio de 2010. Coube-me revisar sua obra, a pedido de seu editor.

Nascido na cidade de Lages em Santa Catarina, teve lá sua formação educacional básica, demonstrando, desde cedo, uma forte inquietação intelectual, que o levou a ser um voraz leitor. Fez o curso técnico de contabilidade associado ao segundo grau. Concluiu o terceiro ano do segundo grau em Porto Alegre e fez Medicina, na Universidade Federal do Rio Grande do Sul.

Retornou à cidade de Lages como médico e exerceu a Pediatria. Fez curso de Saúde Pública da Universidade de São Paulo. Posteriormente, especializou-se em Epidemiologia e em Nutrição. Teve em sua cidade natal uma atuante participação comunitária sendo eleito vereador.

Em 1975, mudou-se para Florianópolis, onde fez o curso de Medicina do Trabalho, fato relevante para ele, pois, a partir daí, passou a se dedicar a essa especialidade, trabalhando para as Centrais Elétricas do Sul do Brasil — ELETROSUL.

Aprovado no concurso para docente do Departamento de Saúde Pública da Universidade Federal de Santa Catarina — UFSC, em 1976 criou a disciplina de Medicina do Trabalho no curso de formação de Médica. Doutorou-se na UFSC. Assumiu a coordenação dos cursos de pós-graduação em Medicina do Trabalho, até o ano de 2005, quando se aposentou da universidade.

Publicou inúmeros trabalhos técnicos e o livro de Medicina do Trabalho Básica, que servia de base para os cursos que coordenava. Foi autor de livros de nutrição, perícias trabalhistas e dois livros de memórias, em que relata fatos ocorridos em sua vida pessoal e carreira médica.

De personalidade forte, foi sempre aberto à realização de novos empreendimentos, e um educador por natureza. Assistia na primeira fila de cadeiras a todas as aulas ministradas. Alguns alunos, em princípio, não aceitavam seus métodos austeros de trabalho, porém, ao final dos cursos, tornavam-se gratos pelos ensinamentos que receberam e nutriam por ele elevada estima.

Como profissional de saúde pública e educador, deixa-nos neste derradeiro livro todo o seu conhecimento aplicado à melhoria da saúde de seus leitores.

Casimiro Pereira Júnior

INTRODUÇÃO

Este livro tem como finalidade a apresentação de algumas ferramentas que a pessoa poderá usar no sentido de atuar conscientemente no seu dia a dia, pois a vida exige que sejam respeitados alguns limites impostos pela fisiologia e pela psicologia do ser. Tais limites obrigam cada um a reflitir sobre seus atos de hoje para evitar os males que poderão apossar-se do seu organismo num futuro não muito distante, levando-o ao sofrimento físico e psíquico, o que favorecerá o estresse e outras doenças, tanto orgânicas, quanto mentais.

Na realidade, este livro procura lembrar que o ser humano é o único animal que possui inteligência, considerado o *homo sapiens*, mas que age, muitas vezes, de maneira não condizente com tal categoria.

No planeta Terra, embora o homem goze de muitas regalias, graças a sua inteligência, não consegue livrar-se de certas enfermidades, as quais nivelam socialmente o ser humano. O indivíduo, se naturalmente orgulhoso, na doença perde a altivez e torna-se mais humilde. Infelizmente, a enfermidade acaba sendo a luz que ele precisa para enxergar o problema do seu semelhante.

O desenvolvimento de uma nação se apoia no tripé: Nutrição, Saúde e Educação. No Brasil, estes três fatores são poucos valorizados, senão vejamos: a nutrição não é desenvolvida em nenhum dos níveis de ensino; a saúde está entregue a um Estado preocupado com politicalha, onde não se encontram estadistas, sendo que os políticos são os piores exemplos. As estradas de rodagem são malconservadas, em detrimento de outros meios de transporte necessários num país continental, tais como: estrada de ferro e navegação fluvial e marítima. Embora o Brasil conte com um dos melhores planos de saúde do mundo, em teoria, existe um funcionamento precário, em que predominam ações ideológicas, sendo que o atendimento é altamente burocrático. Quanto à educação em todos os níveis de ensino, configura-se como uma área em que as ações de educação não saem do papel, em face da grande burocracia existente, tanto no âmbito federal, no estadual como no municipal.

Lembro-me, quando comecei, há muitos anos, a estudar em um Colégio particular, ao passar em frente ao Colégio público, sentia que ali existia um estudo de gabarito, pois, ao conversar com alunos daquele educandário, notava que eles recebiam um ensino bem superior ao que eu recebia no Colégio pago. Isto não mais acontece, pois a degradação do ensino público é gritante.

Não aprofundarei a análise de tais fatos por não ser o objetivo desta obra, trabalho, mas o certo é que a população brasileira precisa de algum iluminado que modifique este estado de descalabro, não só do ensino público e da saúde, mas de toda a nacionalidade brasileira. Pode-se citar o descalabro com a logística num país, predominantemente, agropecuário.

Para uma atuação consciente, a pessoa precisa de ensino de bom padrão para que ela possa discernir entre o certo e o errado, na sua vida pessoal, familiar e pública.

Enquanto contarmos com dirigentes populistas, tenho certeza de que continuaremos no mesmo *status quo*, patinando na mediocridade. A Educação e o Ensino não contemplam uma formação de inteligência para que o cidadão possa discernir sobre o que está acontecendo com o país. Os ensinos fundamental e médio são ministrados sem compromissos com a compreensão dos conteúdos programáticos, o que resulta numa educação sem uniformidade da juventude, não lhes dando consciência de valores cívicos e morais, não dignificando o trabalho como fator de desenvolvimento pessoal e profissional. Tal consciência cívica se fundamenta no reconhecimento da igualdade das pessoas — jurídica e social — e configura a expressão máxima da cidadania, sem qualquer discriminação. Urge aumentar o ensino técnico, valorizar o magistério, retirar os componentes ideológicos do processo, reeditar a normalista e o ensino normal, arejar o sistema, eleger prioridades claras, objetivas e consequentes e, principalmente, despertar o civismo nos jovens, sob pena de, não o fazendo, comprometer o futuro da nacionalidade. É necessário estimular e apoiar a parceria das universidades com o sistema produtivo, proporcionando melhores condições para o desenvolvimento econômico.

A Saúde Pública, que deveria ser preventiva, nem chega a ser curativa. O setor saúde, no Brasil, está abandonado. A maior parte da população não é atendida pelo inoperante sistema de saúde pública e não tem condições financeiras para participar de planos de saúde privados, os quais são onerosos quando se ganha pouco.

Existem, pois, muitos gargalos para serem resolvidos, para que o país possa ser mais justo com seus habitantes menos favorecidos pela fortuna.

Um povo sem conhecimentos básicos de cidadania não tem condições para lutar pelos direitos do cidadão, tão bem descritos na Constituição de 1988, dita Cidadã.

Capítulo 1

ATUAÇÃO CONSCIENTE

A vida humana é um espelho que reflete o que a pessoa pensa e faz, ou o que os pensamentos próprios ou alheios a levam-o a fazer. Diante disto, observa-se que há necessidade de contar com um cabedal de conhecimentos, que sejam suficientes para se tomarem decisões coerentes consigo mesmo, a fim de não provocar lesões em seu organismo.

Em geral, o homem não está consciente, na maior parte do dia, do que pensa e faz ou deixa de fazer, ou seja, não está atento ao que vai acontecendo dentro de si mesmo. Distrai-se com grande facilidade ou busca, desnecessariamente, motivos de distração. Por outro lado, descuida-se de muitas coisas que deveriam merecer sua atenção, essa atenção, consciente, que inclui o estudo de cada situação, a análise detalhada das circunstâncias que a criaram, a responsabilidade que lhe incumbe em cada caso, etc. Há quem age apressadamente, como se fugisse de si mesmo, e quem o faz com despreocupada lentidão. Teme-se o esforço que demanda o ato de pensar e, frequentemente, confia-se ao acaso a solução dos problemas. Afora os momentos de ócio ou de descanso, breves ou prolongados, a maioria procura amenizar ao máximo seu tempo com entretenimentos e diversões. Que consciência pode manifestar um ser que vive na forma descrita? Esta pergunta leva a definir o caráter ambíguo de seu comportamento, que reflete não somente ausência de domínio, mas também falta de sentido a respeito da direção que deve imprimir à vida.

No início da minha vida profissional, tinha como diretriz a transmissão de conhecimentos sobre promoção da saúde e prevenção de doenças, conceitos básicos da medicina preventiva, mas não aceitos tranquilamente pelas pessoas, pois naquela época já começava a ser difundida a ideia de que o tratamento da doença era o mais importante. Naquela época estava nascendo a ideia da especialização médica como a solução para todos os males das pessoas, o que continua mais evidente, quando são criadas Escolas Médicas com finalidade política, sem contarem com um corpo docente, minimamente, preparado.

Os profissionais da medicina não estavam preocupados com a prevenção, mas sim com o tratamento das doenças. O próprio ensinamento da medicina estava focado no tratamento e não na prevenção das doenças.

Os conhecimentos transmitidos neste livro não são novos, mas sinto que até hoje, passados mais de quarenta e seis anos da minha formatura, ainda continuam sendo preteridos por medicamentos curativos com preços elevados, mas do agrado de todos, principalmente dos produtores de tais remédios.

Um exemplo é o do uso de complexos vitamínicos, na maioria das vezes sem necessidade real, quando o ideal seria uma alimentação racional.

Não sou um visionário, mas sei que, com uma atuação consciente, a pessoa poderá solucionar a maioria dos problemas encontrados na sua vida diária, de seus familiares e de sua comunidade.

Hoje, após ter coordenado dezoito cursos de pós-graduação em Medicina do Trabalho; dois cursos de pós-graduação em Medicina Desportiva; e de ter coordenado e escrito mais de quinze livros sobre Medicina do Trabalho e Nutrição, sinto-me apto para transmitir conteúdos sobre promoção da saúde e prevenção de doenças em geral, com o intuito de que as pessoas atuem conscientemente para ter uma melhor qualidade de vida.

A atuação consciente começa desde o momento em que a pessoa conclui que sua vida teve para ela um caráter meramente exterior e resolve vivê-la dentro de si mesma, na medida em que lhe permita que cada conhecimento adquirido, após ler este livro, possa ser utilizado no seu dia a dia.

Quando a pessoa aprende a conhecer seus próprios pensamentos sobre promoção e prevenção de doenças, localiza-os em sua mente e seleciona-os para servir-se daqueles mais úteis, exercitando sua faculdade de pensar e, desta maneira, estará atuando conscientemente para usufruir de tais conhecimentos, transmitindo-os a seus familiares, o que forma uma cadeia de interação com a sociedade.

É muito difícil a arte de criar-se a si mesmo; constitui uma tarefa árdua e grande, que não poderá realizar-se se antes não se alcançou a capacitação para vencer tal desiderato. É necessário ter presente que, quando os pensamentos se organizam e se identificam com a vida, condensam-se no ser, transformando-se em sentimentos capazes de buscar o objetivo almejado pela pessoa. Explica-se desta maneira porque a vida do ser humano, com as notórias exclusões, é em geral bastante efêmera, tanto em relação ao aproveitamento, quanto ao caráter duradouro da capacidade consciente, pois a mente, influenciada por todo o exterior é insubstancial, faz viver também ao ser uma vida externa, intranscendente, sendo poucas as vezes em que essa vida toma forma e se manifesta conscientemente. É necessário, pois, que o ser humano saiba fixar seu querer; que saiba o que deseja para não ser traído por seus próprios pensamentos. É uma verdade inquestionável que, se cada um se interrogasse a respeito, poucos poderiam, com sinceridade, responder-se a si mesmo, por ser comum a todas as mentes a mudança diária do querer.

Para que a pessoa possa agir conscientemente, ela precisa desenvolver um processo individual de aperfeiçoamento. Este processo exige muito treinamento e análise de todos os acontecimentos vividos pela pessoa, permitindo chegar-se a conclusões coerentes com a sua maneira de vida.

Eu não fui orientado pelos meus pais quanto ao uso de uma agenda para registrar todos os compromissos, tanto diários, quanto mensais e, por que não, anuais. Reconheço que na época deles não existia tal necessidade pelos fato de viverem em uma fazenda, no meio rural, onde os acontecimentos se sucediam sem muita velocidade, pois as atividades eram bem delimitadas. Porém, na atualidade, com o progresso vertiginoso em todas as áreas do conhecimento, se a pessoa não anotar todos os compromissos, tenho certeza de que muita coisa ficará esquecida.

Assim sendo, se na atualidade eu não relacionar todos os compromissos em uma agenda, tenho dificuldade de cumpri-los. Como não fui treinado neste sentido, inicialmente sentia muita dificuldade em manter uma agenda atualizada. Tive de usar de um subterfúgio para habituar-me ao uso da agenda. Inicialmente usava pedaços de papel de um bloco de anotações, onde escrevia cada compromisso em uma folha. Passado algum tempo, notei que esta maneira não era prática, pois havia mistura de vários compromissos, o que dificultava a consulta diária. Depois de muita luta, passei a usar uma agenda, tendo notado que tinha diminuído o trabalho para consultar o compromisso agendado. Atualmente não consigo imaginar como seria minha vida diária se não tivesse todos meus compromissos anotados, isto é, agendados.

Pensando em estimular meus netos, no intuito de usarem desde jovens a agenda para anotar seus compromissos, mandei confeccionar uma agenda personalizada para cada um deles. Foi impresso o nome na capa para eles terem orgulho de usar aquele livreto, pois imagino que ficarão orgulhosos de marcar seus compromissos, atualmente, estudantis e no futuro os mais diversos. Parece estar dando bom resultado. Sempre que converso com eles, pergunto se estão usando a agenda. Só o futuro dirá se minha estratégia será coroada de êxitos.

A condução consciente da vida, diante das dificuldades de toda ordem que o amplo campo experimental do mundo oferece, exige a intervenção permanente e consciente do próprio juízo.

Isto que estou preconizando, sei ser de difícil realização, mas é necessário que as pessoas consigam de alguma maneira atuar conscientemente para viverem com boa qualidade de vida.

Hodiernamente, existem muitos métodos para tal, desde cursos de organização das tarefas diárias, até a prática da formação consciente da individualidade pelo processo de evolução consciente, preconizado pela Logosofia, que é ciência criadora e depositária de conhecimentos concretos para a vida, fatível todos de realização individual, ao aplicá-los, conscientemente, à própria psicologia (PECOTCHE, 1971. p. 48).

Capítulo 2

ESTILO DE VIDA

De início, o termo estilo era utilizado apenas com relação à literatura, às artes visuais, à música e ao teatro. Aos poucos, o uso desta palavra estendeu-se à quase todas as atividades humanas e passou-se a falar em estilo de vida, estilo de pensar e muitas outras expressões semelhantes.

Entende-se por estilo de vida um conjunto de ações que englobam as atitudes, os valores e as oportunidades na vida de cada pessoa, estando contempladas diferentes áreas, tais como física, mental, espiritual e social, bem como as relações de trabalho, de lazer e domésticas.

O estilo de vida da pessoa, neste contexto, passa a ser um dos mais importantes fatores na promoção da saúde e na prevenção de doenças, tanto individual, como grupal.

O estilo de vida saudável ajuda a manter o corpo em forma e a mente alerta, confirmando o preconizado anteriormente, quando afirmei que a pessoa é um espelho que reflete o que ela pensa e faz, ou o que os pensamentos próprios ou alheios a levam a fazer.

Um estilo de vida saudável deve ser adotado o mais cedo possível, desde tenra idade, no intuito de se manter comportamentos preventivos conscientes, evitando com isto o aparecimento de doenças o mais cedo na vida da pessoa. Reconheço que não é fácil este tipo de comportamento em um país que não valoriza tal atitude na vida das pessoas. Recordo-me, que não faz muito tempo, quando eu praticava *jogging* na mais importante avenida de Florianópolis, frequentemente era vaiado pelos motoristas que passavam por mim, mostrando tal atitude uma falta total de amor pela vida. Hoje em dia já não se observam atitudes contrárias à atividade física, sendo que muitas pessoas praticam caminhadas diariamente, o que muita satisfação traz ao autor deste livro.

Observam-se fatores positivos e negativos no estilo de vida de cada um que, comprovadamente, afetam a saúde e o bem-estar, em curto ou em longo prazo, principalmente, a partir da quarta década de vida.

Existem fatores negativos no estilo de vida da pessoa que podem ser modificados, dentre os quais se encontram: o tabagismo; a ingestão excessiva de álcool; o uso de drogas; o estresse; o isolamento social; o sedentarismo e as atividades físicas com esforços intensos ou repetitivos, dentre as quais, encontra-se a prática de futebol de campo ou de salão de final de semana. Quando trabalhava como Médico do Trabalho da Eletrosul, a maioria dos acidentes encontrados entre os funcionários estava relacionada com a prática de futebol em finais de semana, o que fez com que eu tivesse proposto a criação de uma Comissão de Prevenção de Acidentes no Esporte, isto é, uma CIPAE para conscientizar os praticantes daquele tipo de atividade.

Existem outros fatores negativos do estilo vida sobre os quais a pessoa pode ter algum controle preventivo, como no caso de doenças transmissíveis, para as quais existem vacinas ou que não têm imunizantes, mas que têm métodos de controle bem conhecidos. Cita-se, como exemplo, o caso da AIDS e das doenças não transmissíveis ou doenças crônicas degenerativas, como a hipertensão arterial, a obesidade, o diabete, o câncer e as doenças cardiovasculares, as quais têm sido associadas à nutrição inadequada, ao estresse e ao sedentarismo.

Quanto aos fatores negativos que interferem na saúde e sobre os quais se tem pouco ou nenhum controle, pois incluem características herdadas, efeitos naturais do envelhecimento, certos acidentes imprevisíveis e algumas doenças infecciosas, o ideal é dispor de condições ambientais e de assistência que possam minimizar as consequências e evitar comportamentos que os agravem (NAHAS, 2001. p. 14).

Do exposto, conclui-se que os grupos de elementos condicionantes da saúde de uma pessoa são: a) a biologia humana; b) o meio ambiente; c) o estilo de vida; e d) a organização de assistência à saúde.

As condições de vida de uma pessoa podem ser mais importantes na determinação da doença que o chamado agente específico apontado, eventualmente, como a causa da doença (SOUTO, 2003. p. 28).

Está claro que não adianta fugir; a prevenção precisa estar ligada à saúde e educação como meios importantes para o livre desenvolvimento da capacidade de autorregulação do organismo; cabe ao educador ajudar o outro a se desenvolver. Viver e agir, harmoniosa e sadiamente, depende das relações sociais dadas através dos modelos apresentados às crianças, que são os pais, a família; mais tarde os professores e a comunidade, num processo de interação entre hereditariedade, ambiente e educação (PHILIPPI, 2009. p. 33).

A Organização Mundial da Saúde — OMS garante que bastaria manter uma dieta racional, um peso normal e uma atividade física regular ao longo da vida para prevenir um terço dos casos de câncer. No outro lado da moeda, uma dieta inadequada, uma vida sedentária e o hábito de fumar causam até 80% das doenças cardíacas prematuras.

Capítulo 3

ATIVIDADES PREVENTIVAS

Inicialmente relacionarei algumas informações gerais sobre imunizações, para depois disponibilizar o quadro de vacinação das crianças, dos jovens e dos adultos e idosos, que são as recomendações oficiais do Ministério da Saúde do Brasil.

O ideal seria que os serviços de saúde funcionassem adequadamente para que o cidadão pudesse contar com todas as facilidades para a promoção da saúde e a prevenção de doenças. Isto não é o que acontece em nosso meio, o que obriga que a pessoa procure por meios próprios as condições para seu bem-estar físico e mental, na maioria das vezes participando de planos de saúde para atividades curativas, esquecendo de atuar na promoção da saúde e na prevenção das doenças.

São objetivos finais de toda atividade médica, odontológica e de saúde pública, seja ela exercida no consultório, na clínica, no laboratório ou na comunidade, a promoção da saúde, a prevenção de doenças e o prolongamento da vida, com o intuito de atender ao que preconiza a medicina preventiva.

Para tanto, desde o lar até a universidade, o cidadão deveria receber ensinamentos básicos para atender a tal desiderato, o que na prática não funciona, devido a muitas falhas, desde a formação inadequada dos pais até a ausência de educação para a saúde em todos os níveis do ensino em nosso meio. Diante de tal constatação, existe a necessidade de que o cidadão procure preparar-se em assuntos de saúde para poder atender à definição de saúde da Organização Mundial da Saúde, que é: estado de completo bem-estar físico, mental e social e não apenas ausência de doença ou enfermidade.

A posição mais abrangente, com relação aos níveis de prevenção em saúde, adota cinco etapas, ou seja: prevenção primordial; prevenção primária; prevenção secundária; prevenção terciária e prevenção quaternária.

Neste livro, aborda-se a prevenção primordial e a prevenção primária. Esta compreendendo a promoção da saúde e a proteção específica, fase em que a pessoa tem condições de evitar a instalação de uma doença em seu organismo, isto é, no período pré-patogênese, por meio de medidas destinadas a desenvolver uma saúde geral ótima, pela proteção específica contra agentes patogênicos ou pelo estabelecimento de barreiras contra os agentes do meio ambiente.

A prevenção primordial compreende um conjunto de atividades que visam a evitar o aparecimento e estabelecimento de padrões de vida social, econômica e cultural que se sabe estarem ligados a um elevado risco de doenças. Neste nível de prevenção devem atuar a administração pública, a família e a escola para oferecerem determinantes positivos de saúde, tanto ao indivíduo, como à comunidade. Este tipo de atuação precisa ser estimulado em nosso meio, exigindo-se das autoridades públicas; dos pais e das escolas em todos os níveis de ensino, o que não se faz na atualidade. Um exemplo gritante de desrespeito ao cidadão observa-se na propaganda política de candidatos em época eleitoral, sempre prometem ações positivas em educação, saúde e lazer, como metas de campanha pré-eleitoral, o que é esquecido logo que se elegem. No Brasil, os políticos não têm compromisso com o eleitorado, pois o cidadão comum dificilmente é recebido quando tem alguma demanda, dando a impressão de que aquele indivíduo eleito não pediu votos para se eleger, foi guindado àquele cargo, graças a um poder divino.

A prevenção primária compreende dois níveis de atuação, que são: a promoção da saúde e a proteção específica.

3.1. Promoção da saúde

Na promoção da saúde, são adotadas medidas que não se dirigem à determinada doença ou desordem, mas servem para reforçar a boa saúde e o bem-estar gerais. As medidas que visam à promoção da saúde são aquelas de caráter genérico que têm por fim a manutenção do estado de saúde. Como exemplos desse conjunto de medidas, podemos listar:

- Educação sanitária;

- Bom padrão de nutrição, ajustado às fases de desenvolvimento da vida;

- Atenção ao desenvolvimento da personalidade;

- Moradia adequada (iluminação e ventilação adequadas, conforto térmico, controle do ruído excessivo, condições para boa higiene corporal com banheiros e chuveiros);

- Água tratada, coleta de lixo e tratamento do esgoto;

- Locais públicos destinados ao repouso e à recreação;

- Aconselhamento matrimonial e educação sexual;

- Genética e medicina preventiva;

- Vestuário adequado; e

- Exames seletivos periódicos em Serviços Públicos de Saúde.

3.2. Proteção específica

Na proteção específica, são usadas medidas que visam à proteção em seu sentido convencional e compreendem medidas aplicáveis a uma doença ou grupo de doenças específicas, visando a interceptar as suas causas, antes que elas atinjam o ser humano.

Observa-se uma grande evolução tecnológica da medicina. Paralelamente ao desenvolvimento de modernos equipamentos diagnósticos, observa-se grande avanço no setor de imunização, ou seja, na prevenção de doenças, tanto por meio do desenvolvimento de novas vacinas como pelo implemento de campanhas de vacinação em massa da população em geral.

Na proteção específica, são adotadas medidas dirigidas aos indivíduos e ao meio ambiente, tais como:

- Uso de imunizações específicas;
- Atenção à higiene pessoal;
- Hábito de saneamento do meio;
- Proteção contra riscos ocupacionais;
- Proteção contra acidentes (domésticos, no trânsito e no trabalho);
- Uso de alimentos específicos;
- Proteção contra substâncias carcinogênicas; e
- Evitar contato com substâncias capazes de desenvolver alergia.

Para que o leitor possa adquirir algumas informações sobre noções de imunidade, no intuito de melhorar seu entendimento sobre este assunto, fornecerei algumas dicas neste sentido.

3.3. Tipos de imunidade

a) imunidade inata (inespecífica) — constitui a primeira barreira, ainda inespecífica, contra as infecções e não gera memória imunológica;

b) imunidade ativa — ocorre em decorrência da introdução no organismo de um agente infeccioso e pode dar-se de duas formas: natural, quando se adquire a própria infecção (por exemplo, a rubéola), ou pelo processo por meio do qual se induz a imunidade após administração de um antígeno, processo este denominado vacinação;

c) imunidade passiva — adquirida pela transferência de anticorpos ao organismo. Dá-se de duas formas: *natural*, em que os anticorpos são transferidos via placentária, e *artificial*, por meio da administração de gamaglobulinas que são anticorpos pré-formados em outro organismo, no processo conhecido por soroterapia.

3.4. Fundamentos imunológicos

O processo imunológico pelo qual se desenvolve a proteção conferida pelas vacinas compreende o conjunto de mecanismos por meio dos quais o organismo humano reconhece uma substância como estranha para, em seguida, metabolizá--la, neutralizá-la e/ou eliminá-la. A resposta do organismo às vacinas depende basicamente de dois tipos de fatores: os inerentes às vacinas e os relacionados com o próprio organismo.

3.4.1. Fatores próprios das vacinas

Os mecanismos de ação das vacinas são diferentes, variando segundo seus componentes antigênicos, que se apresentam sob a forma de:

a) suspensão de bactérias vivas atenuadas (p. ex., BCG);

b) suspensão de bactérias mortas ou avirulentas (p. ex., vacina contra febre tifoide);

c) componentes das bactérias (p. ex., polissacarídeos da cápsula dos meningococos A e C);

d) toxinas obtidas em cultura de bactérias, submetidas a modificações químicas ou pelo calor (p. ex., toxoide tetânico);

e) vírus vivos atenuados (p. ex., vacina oral contra poliomielite);

f) vírus inativado (p. ex., vacina contra raiva);

g) frações de vírus (p. ex., vacina contra hepatite B).

3.4.2. Fatores inerentes ao organismo que recebe a vacina: mecanismos básicos da resposta imune

Vários fatores inerentes ao organismo que recebe a vacina podem interferir no processo de imunização, isto é, na capacidade de este organismo responder adequadamente à vacina utilizada. Dentre eles, destacam-se:

a) idade;

b) doença de base ou intercorrente;

c) tratamento imunodepressor.

3.4.3. Integração de mecanismos básicos da resposta imune

Há dois mecanismos básicos de resposta imune: os inespecíficos e os específicos.

Os *Mecanismos Inespecíficos* são constituídos por mecanismos superficiais e profundos que dificultam a penetração, a implantação e/ou a multiplicação dos agentes infecciosos, tais como: barreira mecânica constituída pela integridade da pele e das mucosas; flora microbiana normal da pele e das mucosas, que são constituídos por betalisina, interferon, fibronectina, lactoferrina, espermina, protamina, inflamações e fagocitose.

Os *Mecanismos Específicos* possibilitam proteção específica e duradoura contra os patógenos pelos quais foram estimulados. O antígeno encontra-se no agente ou na substância reconhecida como estranha pelo organismo, podendo ser componente de bactéria, vírus, etc. Depois de sua penetração, através da pele e/ou mucosas (portas de entrada), atinge a circulação sanguínea e linfática, atingindo os órgãos linfoides secundários. O antígeno sofre processamento inicial e, estando fragmentado, é apresentado aos linfócitos envolvidos na fase efetora da resposta imune. Os linfócitos, originários das células primordiais da medula óssea, sofrem nos órgãos linfoides primários (timo e medula óssea) processos de diferenciação celular, de que resulta o aparecimento dos linfócitos T e B, cujas atividades são distintas e complementares. Os linfócitos diferenciam-se em linfócitos T no timo e em linfócitos B na medula óssea. Linfócitos T e B apresentam em sua membrana receptores específicos, determinados geneticamente com combinações diversificadas na sequência de seus peptídeos e diferentes conformações estruturais, o que possibilita alta seletividade de sua ligação com antígenos diversos. As linhagens de linfócitos T e B dotadas dos mesmos receptores constituem os clones; a grande variedade de clones existentes é que garante a ampla diversidade da resposta imune.

Da interação dos antígenos com os receptores dos linfócitos T e B resulta o estímulo dessas células, com as alterações do seu metabolismo, os linfócitos em fase de ativação.

a) *Imunidade celular* — Como resultado da ativação de linfócito T, dá-se o aparecimento de diversas subpopulações dessas células: linfócitos T-auxiliares, T-upressores, T-citotóxicos, linfócitos T responsáveis pelas reações de hipersensibilidade tardia e T-memória. Os mediadores das respostas dos linfócitos T são substâncias solúveis de baixo peso molecular denominadas linfocinas. Os linfócitos T-memória são responsáveis pela conservação da lembrança do primeiro contato com o antígeno, o que proporciona resposta intensa e imediata, com curto período de latência, num segundo contato desses linfócitos com o antígeno que determinou o seu aparecimento (processo conhecido como resposta secundária). A imunidade celular é responsável predominantemente pela proteção específica contra infecções intracelulares. Linfócitos T-citotóxicos estimulados são capazes de destruir células infectadas quando determinantes antialergênicos do patógeno se expressam em sua membrana. A lise de células infectadas também pode ser provocada por citotoxicidade, mediada por anticorpos, cujas células efetoras são os linfócitos K (*killer*), que correspondem a cerca de 5% dos linfócitos do sangue, providos de receptores para a fração Fc de anticorpos da classe IgG.

b) *Imunidade humoral* — O estímulo antigênico dos linfócitos B determina a formação de clone de linfócitos B-memória e a transformação de outros linfócitos B em plasmócitos, responsáveis pela produção de substâncias com estrutura bem definida, com alto peso molecular denominadas imunoglobulinas — que recebem o nome de anticorpos quando são capazes de reagir com o antígeno responsável pelo seu aparecimento. As respostas de imunidade humoral são mais duradouras quando há participação de linfócitos T-auxiliares na ativação de linfócitos B. Três classes de imunoglobulinas séricas (IgM, IgG, IgA) e as IgA-secretoras (liberadas na superfície das mucosas dos tratos respiratório, intestinal e geniturinário) atuam na imunidade contra os germes infecciosos. Na resposta da imunidade humoral que se segue ao primeiro contato com o antígeno, há um período de latência de alguns dias ou semanas entre o estímulo e o aparecimento de anticorpos séricos; de início, aparecem os anticorpos da classe IgM seguidos pelos anticorpos das classes IgA e IgG. Os anticorpos IgG são detectados no sangue durante tempo prolongado, constituindo a sua presença indicação de imunidade ou contato prévio com o antígeno em questão. A resposta imune humoral primária não depende da participação da imunidade celular, tímica, sendo por isso denominada T-independente. A resposta humoral secundária, que ocorre no segundo contato com o antígeno, após curto período de latência, relacionada fundamentalmente com o acentuado aumento da concentração sérica de IgG, é também denominada resposta tipo *booster*. A resposta humoral secundária se traduz por imunidade rápida, intensa e duradoura e é dependente da participação da imunidade celular, sendo por isso denominada T-dependente.

c) *Complexos de histocompatibilidade e seu papel na imunidade* — Antígenos produzidos extracelularmente (p. ex., contidos em vacinas não vivas, como a vacina contra o tétano) são processados por células especializadas, como as dentríticas, macrófagos e linfócitos B, denominadas células apresentadoras de antígenos, que constituem pequena fração das células do corpo. Essas células apresentam os antígenos processados por intermédio de proteínas intracelulares denominadas moléculas do complexo principal de histocompatibilidade de classe 2, ou MHC-II, aos linfócitos T-auxiliares, que irão secretar citocinas, moléculas estimuladoras de todo o sistema imune. A resposta imune aos antígenos de produção extracelular é basicamente de natureza humoral, isto é, mediada por anticorpos.

Quando os antígenos, através de infecções virais ou de vacinas virais vivas, penetram no organismo e são produzidos intracelularmente, como nas vacinas contra rubéola, sarampo e caxumba, o número de células que processa os antígenos é muito maior do que nos processos em que estes antígenos são produzidos no meio extracelular. Todas as células que forem infectadas irão processá-los e apresentá-los ao sistema imune, não apenas as especializadas apresentadoras de antígenos; os antígenos serão apresentados não somente pelas moléculas do complexo principal, classe 2, mas também pelas moléculas do complexo principal de histocompatibilidade classe 1. Este último evoca resposta imunológica celular tipo citotóxica, pela qual os linfócitos especializados (CD 8) destroem as células infectadas; a imunidade humoral também é ativada. Desse modo, os antígenos produzidos intracelularmente induzem respostas imunológicas muito intensas, pois são apresentados tanto pelas moléculas do complexo da classe 1, como da classe 2, fenômeno que ocorre em grande número de células. Por essa razão, as vacinas vivas em geral provocam imunidade mais potente e duradoura, provavelmente por toda a vida, com apenas uma dose.

A repetição das doses que se faz em algumas vacinas serve para corrigir as falhas vacinais primárias, isto é, aquelas que são decorrentes de não imunização com a primeira dose. Falhas secundárias, que são decorrentes de diminuição de imunidade ao longo dos anos, podem ocorrer com as vacinas virais vivas, mas são raras.

As vacinas não vivas precisam de repetição das doses para que se obtenha a imunidade desejável e muitas delas precisam ser repetidas, periodicamente, durante toda vida, como a antitetânica.

d) *Antígenos T-dependentes e T-independentes* — Os antígenos constituídos por proteínas ou polipeptídeos são denominados antígenos T-dependentes, pois envolvem linfócitos T-auxiliares na resposta imune humoral. Os antígenos polissacarídeos recebem o nome de antígenos T-independentes e são capazes apenas de estimular linfócitos B, sem a participação de linfócitos T-auxiliares, induzindo imunidade de mais curta duração. Uma característica da imunidade T-dependente é a sua capacidade de induzir resposta de memória, com mudança da classe predominante de imunoglobulinas, de IgM para IgG.

3.4.4. Integração de mecanismos de imunidade específica e inespecífica

É importante ressaltar que a imunidade humoral e a celular atuam de forma integrada com os mecanismos de imunidade inespecífica, agilizando e potencializando a fagocitose por parte de neutrófilos polimorfonucleares e de macrófagos ou lisando células infectadas diretamente (linfócitos T-citotóxicos) ou indiretamente por ativação do sistema complemento ou por toxicidade mediada por anticorpos (SILVA; SILVA, 2003. p. 08).

Portanto, a vacina é um imunobiológico que contém um ou mais agentes imunizantes (vacina isolada ou combinada) sob diversas formas: bactérias ou vírus vivos atenuados, vírus inativados, bactérias mortas ou componentes de agentes infecciosos purificados e/ou modificados quimicamente ou geneticamente.

Existem algumas falsas contra indicações muito difundidas na comunidade, as quais precisam ser conhecidas para que o cidadão possa contestá-las. São as seguintes:

a) doenças benignas comuns, tais como afecções recorrentes infecciosas ou alérgicas das vias respiratórias superiores, com tosse e/ou coriza, diarreia leve ou moderada, doenças da pele (impetigo, escabiose, etc.);

b) desnutrição;

c) aplicação de vacina contra a raiva em andamento;

d) doença neurológica estável (síndrome convulsiva controlada, por exemplo) ou prevenção, com sequela presente;

e) antecedente familiar de convulsão;

f) tratamento sistêmico com corticosteroide durante curto período (inferior a duas semanas), ou tratamento prolongado diário ou em dias alternados com doses baixas ou moderadas;

g) alergias, exceto as reações alérgicas sistêmicas e graves, relacionadas a componentes de determinadas vacinas;

h) prematuridade ou baixo peso no nascimento. As vacinas devem ser administradas na idade cronológica recomendada, não se justificando adiar o início da vacinação. (Excetua-se o BCG, que deve ser aplicado somente em crianças com mais de 2 kg);

i) internação hospitalar: crianças hospitalizadas podem ser vacinadas antes da alta e, em alguns casos, imediatamente depois da admissão, particularmente para prevenir a infecção pelo vírus do sarampo ou da varicela durante o período de permanência no hospital;

j) deve-se ressaltar que história e/ou diagnósticos clínicos pregressos de coqueluche, difteria, poliomielite, sarampo, rubéola, caxumba, tétano e tuberculose não constituem contraindicações ao uso das respectivas vacinas.

É importante, também, dar ênfase ao fato de que, havendo indicação, não existe limite superior de idade para aplicação de vacinas, com exceção das vacinas tríplice DTP e dupla, tipo infantil.

Para completar, está sendo transcrito o calendário básico de vacinações de rotina do Ministério da Saúde do Brasil para conhecimento do leitor.

3.5. Calendário básico de vacinação da criança

IDADE	VACINAS	DOSES	DOENÇAS EVITADAS
Ao nascer	BCG - ID	dose única	Formas graves de tuberculose
	Vacina contra hepatite B *(1)*	1ª dose	Hepatite B
1 mês	Vacina contra hepatite B	2ª dose	Hepatite B
2 meses	Vacina tetravalente (DTP + Hib) *(2)*	1ª dose	Difteria, tétano, coqueluche, meningite e outras infecções causadas pelo *Haemophilus influenzae* tipo b
	VOP (vacina oral contra pólio)	1ª dose	Poliomielite (paralisia infantil)
	VORH (Vacina Oral de Rotavírus Humano) *(3)*	1ª dose	Diarreia por Rotavírus
4 meses	Vacina tetravalente (DTP + Hib)	2ª dose	Difteria, tétano, coqueluche, meningite e outras infecções causadas pelo *Haemophilus influenzae* tipo b
	VOP (vacina oral contra pólio)	2ª dose	Poliomielite (paralisia infantil)
	VORH (Vacina Oral de Rotavírus Humano) *(4)*	2ª dose	Diarreia por Rotavírus
6 meses	Vacina tetravalente (DTP + Hib)	3ª dose	Difteria, tétano, coqueluche, meningite e outras infecções causadas pelo *Haemophilus influenzae* tipo b
	VOP (vacina oral contra pólio)	3ª dose	Poliomielite (paralisia infantil)
	Vacina contra hepatite B	3ª dose	Hepatite B
9 meses	Vacina contra febre amarela *(5)*	dose inicial	Febre amarela
12 meses	SRC (tríplice viral)	dose única	Sarampo, rubéola e caxumba
15 meses	VOP (vacina oral contra pólio)	reforço	Poliomielite (paralisia infantil)
	DTP (tríplice bacteriana)	1º reforço	Difteria, tétano e coqueluche
4 - 6 anos	DTP (tríplice bacteriana)	2º reforço	Difteria, tétano e coqueluche
	SRC (tríplice viral)	reforço	Sarampo, rubéola e caxumba
10 anos	Vacina contra febre amarela	reforço	Febre amarela

(1) A primeira dose da vacina contra a hepatite B deve ser administrada na maternidade, nas primeiras 12 horas de vida do recém-nascido. O esquema básico se constitui de 03 (três) doses, com intervalos de 30 dias da primeira para a segunda dose e 180 dias da primeira para a terceira dose.

(2) O esquema de vacinação atual é feito aos 2, 4 e 6 meses de idade com a vacina Tetravalente e dois reforços com a Tríplice Bacteriana (DTP). O primeiro reforço aos 15 meses e o segundo entre 4 e 6 anos.

(3) É possível administrar a primeira dose da Vacina Oral de Rotavírus Humano a partir de 1 mês e 15 dias a 3 meses e 7 dias de idade (6 a 14 semanas de vida).

(4) É possível administrar a segunda dose da Vacina Oral de Rotavírus Humano a partir de 3 meses e 7 dias a 5 meses e 15 dias de idade (14 a 24 semanas de vida). O intervalo mínimo preconizado entre a primeira e a segunda dose é de 4 semanas.

(5) A vacina contra febre amarela está indicada para crianças a partir dos 09 meses de idade, que residam ou que irão viajar para área endêmica (Estados: AP, TO, MA, MT, MS, RO, AC, RR, AM, PA, GO e DF), área de transição (alguns municípios dos Estados: PI, BA, MG, SP, PR, SC e RS) e área de risco potencial (alguns municípios dos Estados BA, ES e MG). Se viajar para áreas de risco, vacinar contra Febre Amarela 10 (dez) dias antes da viagem.

3.6. Calendário de vacinação do adolescente (1)

IDADE	VACINAS	DOSES	DOENÇAS EVITADAS
De 11 a 19 anos (na primeira visita ao serviço de saúde)	Hepatite B	1ª dose	Hepatite B
	dT (Dupla tipo adulto) *(2)*	1ª dose	Difteria e Tétano
	Febre amarela *(3)*	Reforço	Febre Amarela
	SCR (Tríplice viral) *(4)*	dose única	Sarampo, Caxumba e Rubéola
1 mês após a 1ª dose contra Hepatite B	Hepatite B	2ª dose	Hepatite B
6 meses após a 1ª dose contra Hepatite B	Hepatite B	3ª dose	Hepatite B
2 meses após a 1ª dose contra Difteria e Tétano	dT (Dupla tipo adulto)	2ª dose	Difteria e Tétano
4 meses após a 1ª dose contra Difteria e Tétano	dT (Dupla tipo adulto)	3ª dose	Difteria e Tétano
a cada 10 anos, por toda a vida	dT (Dupla tipo adulto) *(5)*	reforço	Difteria e Tétano
	Febre amarela	reforço	Febre Amarela

(1) Adolescente que não tiver comprovação de vacina anterior, seguir este esquema. Se apresentar documentação com esquema incompleto, completar o esquema já iniciado.

(2) Adolescente que já recebeu anteriormente 3 (três) doses ou mais das vacinas DTP, DT ou dT, aplicar uma dose de reforço. São necessárias doses de reforço da vacina a cada 10 anos. Em caso de ferimentos graves, antecipar a dose de reforço para 5 anos após a última dose. O intervalo mínimo entre as doses é de 30 dias.

(3) Adolescente que resida ou que for viajar para área endêmica (Estados: AP, TO, MA, MT, MS, RO, AC, RR, AM, PA, GO e DF), área de transição (alguns municípios dos Estados: PI, BA, MG, SP, PR, SC e RS) e área de risco potencial (alguns municípios dos Estados BA, ES e MG). Em viagem para essas áreas, vacinar 10 (dez) dias antes.

(4) Adolescente que tiver duas doses da vacina Tríplice Viral (SCR) devidamente comprovada no cartão de vacinação não precisa receber esta dose.

(5) Adolescente grávida, que esteja com a vacina em dia, mas recebeu sua última dose há mais de 5 (cinco) anos, precisa receber uma dose de reforço. A dose deve ser aplicada no mínimo 20 dias antes da data provável do parto. Em caso de ferimentos graves, a dose de reforço deve ser antecipada para cinco anos após a última dose.

3.7. Calendário de vacinação do adulto e do idoso

IDADE	VACINAS	DOSES	DOENÇAS EVITADAS
A partir de 20 anos	dT (Dupla tipo adulto)*(1)*	1ª dose	Difteria e Tétano
	Febre amarela *(2)*	dose inicial	Febre Amarela
	SCR (Tríplice viral) *(3)*	dose inicial	Sarampo, Caxumba e Rubéola

IDADE	VACINAS	DOSES	DOENÇAS EVITADAS
2 meses após a 1ª dose contra Difteria e Tétano	dT (Dupla tipo adulto)	2ª dose	Difteria e Tétano
4 meses após a 1ª dose contra Difteria e Tétano	dT (Dupla tipo adulto)	3ª dose	Difteria e Tétano
a cada 10 anos, por toda a vida	dT (Dupla tipo adulto) *(4)* Febre amarela	reforço reforço	Difteria e Tétano Febre Amarela
60 anos ou mais	Influenza *(5)*	dose anual	Influenza ou Gripe
	Pneumococo *(6)*	dose única	Contra Pneumonia causada pelo pneumococo

(1) A partir dos 20 (vinte) anos, gestante, não gestante, homens e idosos que não tiverem comprovação de vacinação anterior, seguir o esquema acima. Apresentando documentação com esquema incompleto, completar o esquema já iniciado. O intervalo mínimo entre as doses é de 30 dias.

(2) Adulto/idoso que resida ou que for viajar para área endêmica (Estados: AP, TO, MA, MT, MS, RO, AC, RR, AM, PA, GO e DF), área de transição (alguns municípios dos Estados: PI, BA, MG, SP, PR, SC e RS) e área de risco potencial (alguns municípios dos Estados BA, ES e MG). Em viagem para essas áreas, vacinar 10 (dez) dias antes.

(3) A vacina tríplice viral — SCR (Sarampo, Caxumba e Rubéola) deve ser administrada em mulheres de 12 a 49 anos que não tiverem comprovação de vacinação anterior e em homens até 39 (trinta e nove) anos.

(4) Mulher grávida que esteja com a vacina em dia, mas recebeu sua última dose há mais de 05 (cinco) anos, precisa receber uma dose de reforço. A dose deve ser aplicada no mínimo 20 dias antes da data provável do parto. Em caso de ferimentos graves, a dose de reforço deverá ser antecipada para cinco anos após a última dose.

(5) A vacina contra Influenza é oferecida anualmente durante a Campanha Nacional de Vacinação do Idoso.

(6) A vacina contra pneumococo é aplicada durante a Campanha Nacional de Vacinação do Idoso nos indivíduos que convivem em instituições fechadas, tais como casas geriátricas, hospitais, asilos e casas de repouso, com apenas um reforço cinco anos após a dose inicial.

Apesar de todo esse avanço, nos países subdesenvolvidos ainda são elevadas as taxas de morbidade e mortalidade ocasionadas por doenças passíveis de imunização, com grande índice de absenteísmo, visto que o sistema de saúde está mais voltado para a recuperação da saúde e não para a prevenção da doença.

Capítulo 4

NUTRIÇÃO RACIONAL

PARTE 1 — NUTROLOGIA

A Ciência da nutrição — a Nutrologia — estuda os mecanismos por meio dos quais os organismos vivos recebem e utilizam os alimentos necessários para a realização do conjunto de funções harmônicas e solidárias entre si, que têm por objetivo manter a integridade normal dos tecidos e células, isto é, a vida.

Tendo a alimentação influência tão decisiva no desenvolvimento, situação física e eficiência das pessoas, é marcante o seu efeito sobre a sociedade da qual são componentes. Com recursos humanos deteriorados física e mentalmente, jamais se poderá pensar em termos de desenvolvimento de uma nação, que se apoia no tripé: Nutrição, Saúde e Educação (CHAVES, 1978. p. 206).

Podemos afirmar que a nutrição compreende três etapas, ou seja:

1ª) A Alimentação

Esta etapa é bastante complexa, dependendo de fatores extra e intracorpóreos. Os fatores extracorpóreos estão relacionados com:

a) Zoneamento Agroclimático, cujo objetivo básico é o de disciplinar o cultivo dos alimentos nas principais regiões produtoras para que haja escalonamento de safras, evitando desperdícios.

b) Zoneamento Agroecológico, que visa à integração equilibrada da atividade agrícola com a proteção do meio ambiente.

c) Política Agrícola que incentive a produção de alimentos básicos, consumidos pelas pessoas, para que os preços sejam compatíveis com a renda delas.

d) Transporte, estocagem, conservação e facilidades de aquisição por parte do consumidor, obedecendo às preferências individuais.

e) Preparação dos alimentos com a mais moderna tecnologia culinária para prevenção de perdas dos nutrientes.

f) Racionalização da Agricultura e da Pecuária.

g) Educação Alimentar.

Os fatores intracorpóreos principais são:

Ingestão de alimentos mais úteis do ponto de vista nutritivo e em condições ideais de higiene, pois o alimento adequado ao consumo é aquele que, além de nutritivo, é atraente, limpo e isento de agentes nocivos ao organismo que os ingere, não provocando doença de origem alimentar (ADAMS; MOTARJENI, 2002, p. 7). A higiene da alimentação é uma condição básica para que esta desempenhe com eficácia o seu papel de conservadora da saúde. Deve-se, portanto, ao emprego de técnicas adequadas e corretas de seleção, armazenagem, preparação e utilização dos gêneros alimentícios.

2ª) O Metabolismo

O metabolismo principia a partir do momento em que os nutrientes são absorvidos e vai até a fase na qual o organismo os utiliza como fonte para energia, como materiais para reparação orgânica ou como substância de reserva, para eventual utilização.

3ª) A Excreção

A excreção compreende a eliminação de parte dos materiais utilizados e dos rejeitados, através dos emunctórios.

Para complementar esta parte introdutória, há necessidade de conceituar o alimento para serem firmadas as diretrizes de uma alimentação racional.

Alimento é toda substância comestível que fornece ao organismo vivo os elementos necessários à manutenção de sua integridade física e ao desenvolvimento de sua atividade. Baseados nesta definição, conclui-se que não existe alimento que por si só possa fornecer todos os elementos necessários ao funcionamento normal do corpo humano, havendo necessidade de se fazerem associações alimentares para satisfazer tal desiderato.

Encontram-se, na prática alimentar, associações usadas em grande escala, como: arroz com feijão, massa com carne, polenta com carne, milho com leite, etc. Assim, por exemplo, o leite, embora rico em proteínas, gorduras e glicídios, equilibrado em cálcio e fósforo e vitaminas A e B_2, é pobre em ferro e vitamina C. Se alimentarmos uma criança exclusivamente com leite, durante o primeiro ano de vida, ela terminará por apresentar anemia. Para evitar isso é que os puericultores recomendam o suco de frutas e a sopa de legumes, a partir de dois e quatro meses de idade, respectivamente.

Uma alimentação muito abundante em carnes, mas pobre em verduras e leite, terminará por conduzir o organismo aos perigos da descalcificação, pois as carnes são pobres em cálcio. As frutas e verduras são ricas em sais minerais e vitaminas, mas pobres em proteínas. Um regime baseado, exclusivamente ou acentuadamente, em frutas e verduras determinarão a deficiência orgânica em proteínas com suas graves consequências (FIORAVANTI, 1962. p. 4).

Em função disto, é imprescindível o fornecimento ao organismo de todos os elementos de que tem necessidade, comendo alimentos de diferentes espécies e da melhor qualidade possível.

A nutrição tem como finalidades:

a) o fornecimento de energia química potencial;

b) o abastecimento de nutrientes para os processos vitais; e

c) o provimento de água e eletrólitos necessários para a regulação homeostática do meio interno.

As perturbações da nutrição são denominadas doenças ou distúrbios carenciais.

A estrutura do organismo depende da alimentação, da forma de serem utilizados os nutrientes e dos fatores que eventualmente podem modificar esta utilização: o estado do organismo, as condições ambientais, a natureza do trabalho realizado, a constituição individual, os fatores de ordem hereditária, bem como dos hábitos alimentares do indivíduo (SETTINERI, 1980. p. 13).

Com todas essas ponderações em mente é que resolvi alinhar este trabalho, no sentido de dar subsídios para que cada um possa planejar e executar melhor a sua dieta alimentar.

PARTE 2 — OS GRUPOS ALIMENTARES, A RODA DOS ALIMENTOS E A PIRÂMIDE ALIMENTAR

A alimentação racional é a meta que se busca por meio da educação alimentar; mas, para atingir tal desiderato, é preciso conhecer as leis da alimentação, como as de Escudero (COSTA, 1947. p. 547), transcritas a seguir:

1ª Lei — Lei da Quantidade:

Os alimentos devem ser ingeridos em quantidade suficiente para cobrir as exigências calóricas do organismo e manter o seu equilíbrio nutricional.

2ª Lei — Lei da Qualidade:

A alimentação deve conter todos os nutrientes necessários à formação e à manutenção do organismo, a fim de fornecer uma combinação completa desses princípios nutritivos.

3ª Lei — Lei da Harmonia:

As quantidades dos alimentos nutrientes devem guardar relações proporcionais entre si. Por exemplo, a relação entre proteínas, gorduras e glicídios e o valor calórico total (VCT) da dieta.

4ª Lei — Lei da Adequação:

A alimentação deve-se adequar às necessidades do organismo e, portanto, ser apropriada às condições fisiológicas ou patológicas do indivíduo.

Portanto, a alimentação racional deve conter alimentos em quantidades suficientes, proporcionando todos os nutrientes de forma quantitativa e qualitativamente harmônica e adequada às necessidades do organismo vivo.

Mesmo conhecendo as leis de alimentação, as dificuldades são grandes na hora de distribuir adequadamente os alimentos entre as refeições.

1 — Os grupos alimentares

Constitui excelente motivação para a educação alimentar, a divisão dos alimentos em grupos, conforme suas qualidades nutritivas, favorecendo a sua utilização pela coletividade, pois ficam mais fáceis de ser manuseados. Os alimentos disponíveis para a alimentação humana foram, dentro deste conceito, agrupados segundo as quantidades dos seus diferentes nutrientes em 06 (seis) grupos básicos, ou seja:

1º Grupo: Leite e derivados, exceto a manteiga;

2º Grupo: Verduras e legumes (hortaliças);

3º Grupo: Carnes, vísceras, ovos e leguminosas;

4º Grupo: Frutas;

5º Grupo: Cereais, açúcares e tubérculos; e

6º Grupo: Gorduras.

A ordem destes grupos poderá variar de acordo com as características da alimentação local, sendo neste caso reformulados os grupos alimentares em consonância com os hábitos da região onde a dieta for planejada, obedecendo à subcultura daquela comunidade.

2 — A roda dos alimentos

Segundo Vieira (1999. p. 26), para facilitar a tarefa de escolha dos alimentos e sua distribuição entre as diferentes refeições diárias, existe uma representação gráfica da alimentação chamada Roda dos Alimentos (Figura 1).

Aí estão incluídos todos os alimentos existentes, distribuídos em quatro grupos principais: grupo do leite e derivados, grupo das carnes e ovos, grupo das frutas, verduras e legumes, e grupo dos cereais, leguminosas e alimentos não relacionados nos grupos anteriores. Em cada refeição deverá ser usado pelo menos um alimento de cada grupo.

Figura 1 — A Roda dos Alimentos

Grupo 1 — Leite e Derivados:

Neste grupo estão incluídos o leite e seus principais derivados, como queijo, leite em pó, leite condensado, leite desnatado, requeijão, iogurte, ricota, coalhada e sorvetes.

É essencial a ingestão diária de 1 litro (quatro copos grandes) de leite por dia, que pode ser consumido puro, com café, com chocolate ou chá, ou ainda misturado aos alimentos (cremes, pudins, sopas, suflês e outros). Muitas vezes é aconselhável tomar leite entre as refeições, pois permite regular o apetite e evita a sobrecarga estomacal durante as refeições principais. O leite integral quente tem um coeficiente de digestibilidade inferior ao do leite ingerido a temperatura ambiente. Por outro lado, a ingestão de leite gelado, provoca brusca contração da vesícula biliar e aceleração do trânsito intestinal, pode provocar o aparecimento de distúrbios diarreicos.

Normalmente o leite provoca gases incômodos durante as horas de trabalho. A maneira de diminuir esse inconveniente é ingerir o leite à tarde ou à noitinha, pois os gases produzidos serão eliminados durante o sono.

Um copo de leite pode ser substituído por 40 gramas de queijo (duas fatias).

Grupo 2 — Carnes e Ovos:

Neste grupo estão incluídos todos os tipos de carnes, sejam de gado, de aves, de peixes ou de caças, músculos, vísceras, salsichas e frutos do mar. Ainda se incluíram aí os ovos das mais variadas espécies, os quais serão utilizados, no mínimo, de 2 a 3 por semana, sendo que o ideal é um ovo por dia, servido quente ou escaldado, pois frito ou mexido, devido à gordura em que é preparado, apresenta considerável aumento de Calorias e torna a digestão mais demorada.

Grupo 3 — Frutas, Verduras e Legumes (Hortaliças):

O grupo das frutas, verduras e legumes inclui os alimentos que fornecem, especialmente, a celulose, os sais minerais e as vitaminas, havendo predomínio das fibras para favorecer o peristaltismo intestinal, bem como a formação do bolo fecal.

As frutas podem ser classificadas segundo seu teor calórico em grupos A, B e C, colocadas na Tabela 1, assim como as hortaliças (verduras e legumes), colocadas na Tabela 2.

TABELA 1 — CLASSIFICAÇÃO DAS FRUTAS

Grupo A 1 porção grande 225 g – 100 Cal	Grupo B 1 porção média 150g – 100 Cal	Grupo C 1 porção pequena 110 g – 100 Cal
Abacaxi (2 rodelas ou 3 fatias) Ameixa-preta Araçá Cajá-manga Caju Damasco fresco Goiaba (3 grandes) Laranja (2 médias) Lima (2 grandes) Limão Maracujá Melancia Morangos (2 xícaras) Pêssegos (2 grandes) Pitanga (1 copo) Tangerina (2 médias)	Amora Ameixa branca Ameixa vermelha Figo fresco Guabiroba (1 copo) Jabuticaba (1 copo) Maçã (1 pequena) Mamão (1 fatia) Manga (2 médias) Pera (1 média)	Banana (1 grande) Cereja Romã (1 grande) Uvas (1 cacho pequeno) Abacate (só 50 gramas) Caqui (1 grande) Fruta-pão Pinhão

TABELA 2 — CLASSIFICAÇÃO DAS HORTALIÇAS (VERDURAS E LEGUMES)

Grupo A 200 g – 40 Cal	Grupo B 250 g – 100 Cal	Grupo C 120 g – 100 Cal
Folhosos Aipo Aspargo Berinjela Cebola Cogumelo Couve-flor Funcho Nabo Pepino Pimentão verde Rabanete Tomate	Abóbora Alho Porro Chuchu verde Beterraba Quiabo Pimentão vermelho Palmito Vagem	Aipim Batata-inglesa Chuchu maduro Cará Ervilha verde

Grupo 4 — Cereais e Leguminosas:

Neste grupo, incluem-se o arroz, o milho, o pão, a bolacha, os bolos, o feijão, as ervilhas secas, as lentilhas, grão-de-bico, o guandu, a soja, o amendoim, as favas, bem como os refrigerantes, as bebidas alcoólicas (vinho, cerveja, uísque, cachaça), os doces, os bombons, os chocolates, os sorvetes e demais guloseimas e produtos de confeitaria.

Alguns autores ainda incluem no presente grupo: os açúcares e as gorduras (manteiga, margarina, banha, toucinho, creme de leite, azeites e óleos).

O mel está incluído neste grupo; embora seja um ótimo alimento, é muito rico em Calorias.

3 — A pirâmide alimentar

Outra maneira de buscar uma base para a alimentação racional é por meio da Pirâmide Alimentar Ilustrada (Figura 2) desenvolvida pelo *U.S. Department of Agriculture* — USDA (1992), com o suporte do *Department of Health and Human Services*, baseada em pesquisa sobre o que os americanos comem. Segundo Saltos (1996), apresenta uma variedade de alimentos com nutrientes necessários e ao mesmo tempo uma quantidade correta de Calorias para manter um peso saudável, sendo que alguns nutrientes são necessários, em maior quantidade, como carboidratos, fibras, vitaminas e minerais; outros, em quantidades limitadas, como gorduras, colesterol e sódio.

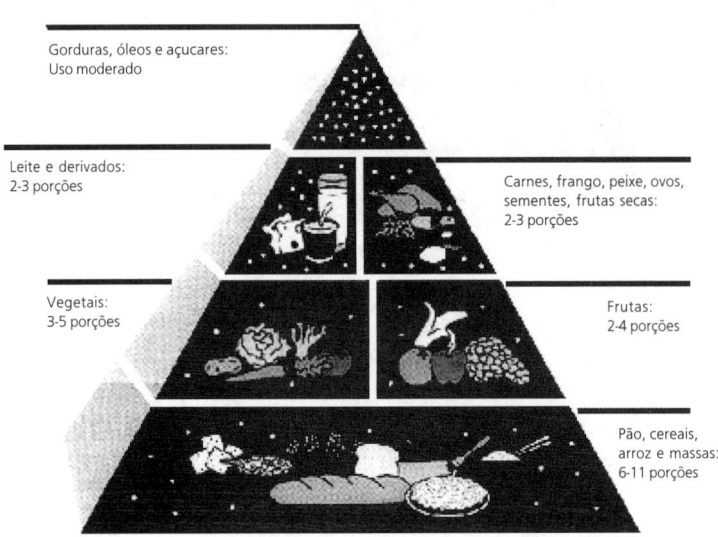

Figura 2 — Guia da Pirâmide Alimentar USDA (fonte: USDA, 1992)

Percego (2002. p. 5), critica a Pirâmide USDA porque ela recomenda o consumo de grandes quantidades de carboidratos sem distinção, estimula o consumo de carnes vermelhas e, ela restringe todos os tipos de óleos, inclusive os benéficos à saúde.

A Pirâmide Alimentar é considerada por Duarte (2001. p. 15) um neologismo, pois a substituição da Roda dos Alimentos pela Pirâmide Alimentar nada mais é do que a criação de uma imagem nova na descrição de uma representação antiga da distribuição dos alimentos.

Estudos feitos no Brasil e citados por Tirapegui (2000. p. 4-6) propuseram uma adaptação da Pirâmide Ilustrada às necessidades da população brasileira, colocadas na Figura 3.

Figura 3 – Pirâmide Alimentar adaptada às necessidades da população brasileira, segundo Tirapegui (2000)

Nesta proposta, a base da pirâmide (1) é constituída por alimentos ricos em glicídios, como cereais, tubérculos e raízes. Alguns exemplos são: arroz, macarrão, pães, farinhas, batata e mandioca. A pirâmide alimentar proposta pelos americanos sugere o consumo de 6 a 11 porções deste grupo de alimentos; porém, nesta adaptação brasileira, é sugerida a ingestão de 5 a 9 porções destes alimentos. Uma porção de glicídios equivale a um pão francês, ou duas fatias de pão de forma, quatro bolachas ou, ainda, a meia xícara de cereais ou arroz.

O segundo nível representa os alimentos ricos em fibras, sais minerais e água, como hortaliças e frutas. Alguns exemplos são: alface, agrião, repolho, tomate, cenoura, beterraba, pimentão, banana, maçã, laranja, pera, maracujá, pêssego, ameixa, entre tantos outros.

Já que frutas e hortaliças são alimentos comuns à dieta e de fácil acesso à população brasileira, as porções originais da pirâmide norte-americana foram aqui aumentadas para 4 a 5 no grupo das hortaliças (verduras e legumes) (2) e para 3 a 5 porções no grupo das frutas (3). Uma porção de frutas equivale a uma maçã, banana ou laranja.

No terceiro nível, ao contrário da pirâmide americana, que reuniu os alimentos ricos em proteínas em um único grupo, a adaptação brasileira teve a preocupação de subdividir este nível de acordo com a qualidade proteica de cada tipo de alimento, levando em consideração, principalmente, os hábitos alimentares da população-alvo e a contribuição de micronutrientes de cada tipo de alimento. O resultado desta subdivisão apresenta-se da seguinte forma:

— *Grupo do leite e derivados* (4): é rico em proteínas, cálcio, magnésio e riboflavina (vitamina B_2). O leite merece atenção especial pelo fato de ser fonte de cálcio, micronutriente importante para todas as fases da vida. Com 3 porções diárias de leite, consegue-se, em média, 800 mg de cálcio, o suficiente para cobrir as necessidades exigidas para adultos e crianças. É preciso, no entanto, aumentar o consumo de alimentos fontes de cálcio para gestantes, nutrizes e adolescentes. Uma porção de leite equivale a uma xícara ou a duas fatias médias de queijo.

— *Grupo das carnes e ovos* (5): é rico em proteínas e, quanto às carnes, também em ferro, zinco e algumas vitaminas do complexo B. A adaptação brasileira sugere o consumo de 1 a 2 porções deste grupo. Uma porção de carnes ou ovos equivale a um filé de peixe, um bife pequeno, ou um ovo.

— *Grupo das leguminosas* (5): como é constituído por produtos comuns na alimentação básica do brasileiro, principalmente o feijão, os pesquisadores propuseram colocá-los à parte, uma vez que não possuem os mesmos valores nutritivos que carnes e ovos. Além disso, são os produtos isolados que mais contribuem para o consumo de proteínas em nossa população, não podendo ser substituídas umas pelas outras, sem o necessário ajuste no equilíbrio de aminoácidos, que é fornecido pelo consumo simultâneo com o arroz. As oleaginosas também foram incluídas neste grupo, apesar do baixo consumo nas dietas habituais. Uma porção de leguminosas equivale a meia xícara de feijão.

O topo da pirâmide (6), onde o espaço é menor, apresenta os alimentos ricos em gorduras e açúcares, devendo ser consumidos com moderação. São os óleos e gorduras, açúcares e doces, devendo ser consumidos 1 a 2 porções, como margarina, manteiga, óleo, mel e açúcar.

Willett (2000 *apud* PERCEGO, 2002. p. 6) comenta uma nova pirâmide alimentar elaborada pela Universidade de Harvard, nos Estados Unidos, que expressa a importância da manutenção do peso, a necessidade de exercícios diários, os potenciais efeitos benéficos de bebida alcoólica e as vantagens do uso de multivitaminas.

Uma outra pirâmide ainda, comentada por Tufts University (1999), foi elaborada para servir de orientação aos idosos, recomendando a ingestão de água em abundância e suplementos como cálcio, vitamina D e vitamina B_{12}.

Com base nos principais modelos de Pirâmide Alimentar existentes, uma nova proposta é aqui colocada (VIEIRA; PHILIPPI; MICHELS, 2003. p. 17). Simples e de fácil interpretação, adaptada ao adulto, levando em consideração o aumento do sobrepeso com a idade, na população brasileira.

A proposta sugerida para uma vida mais saudável contempla exercícios físicos, ingestão de água em abundância e uma alimentação rica sem ganho de peso para a população considerada sadia, mas que caminha para o excesso de peso. Trata-se de uma pirâmide autoexplicável, encontrada na Figura 4.

No Grupo 1, estão os alimentos energéticos extras (açúcares, gorduras e óleos) de uso moderado, reduzido ou até evitável. O excesso, dizem Borba; Wolff (1999, p. 18), pode causar aumento de peso, das taxas de colesterol e triglicerídios, diabetes e hipertensão.

Nos Grupos 2 e 3, estão os alimentos construtores. No Grupo 2, os laticínios, fonte de proteína, vitaminas e minerais como o cálcio, recomendando-se o consumo de 2 a 3 porções diárias. No Grupo 3, carne vermelha, ave, peixe, ovos, grãos e sementes (como feijão, nozes, e outros) são fontes de proteínas, vitaminas do complexo B, ferro e zinco.

No Grupo 4, estão os energéticos, fontes de glicídios complexos, minerais e fibras, responsáveis pela produção de energia. Fornecem a maior parte das calorias diárias, e são o arroz, macarrão, pão, aipim, batata e farinhas. Recomenda-se a ingestão de 4 a 6 porções diárias.

Nos Grupos 5 e 6, estão os alimentos reguladores, que são fontes de vitaminas, minerais e fibras, protegendo o organismo contra doenças e regulando suas principais funções. No Grupo 5, verduras e legumes, ricos em fibras e com baixo teor de gordura, recomendando-se o consumo diário de 3 a 6 porções diárias. No Grupo 6, as frutas, ricas em fibras, vitaminas A e C, ácido fólico e potássio, com a recomendação de 3 a 5 porções de consumo diário.

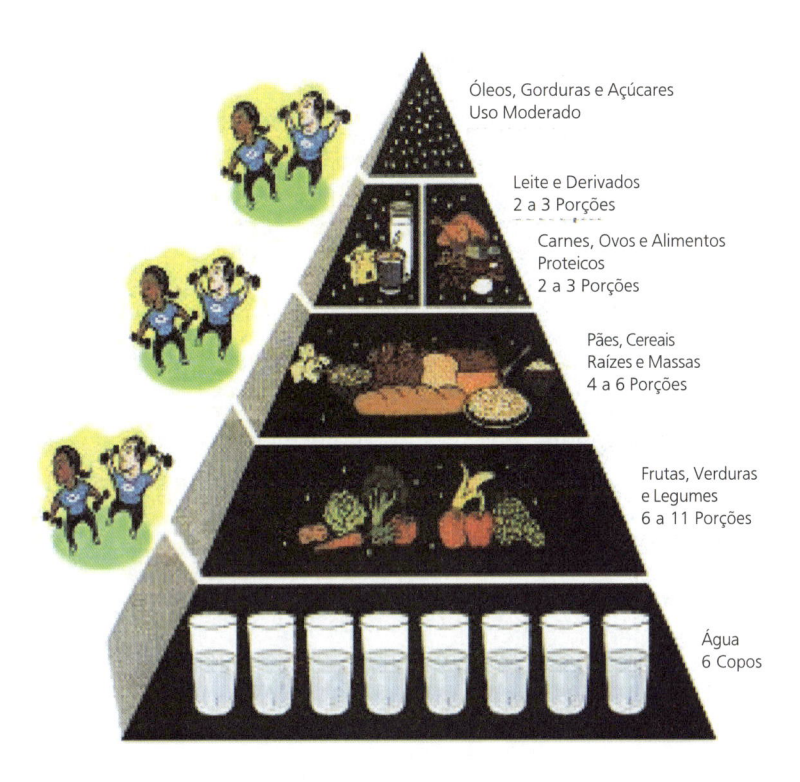

Figura 4 — Proposta de Pirâmide Alimentar Ilustrada

Uma porção de alimentos nos vários grupos, segundo Nahas (2001. p. 168), corresponde a:

— Gorduras, óleos e doces: não há porções recomendadas;

— Leite e derivados: 1 xícara de leite ou iogurte, ou 40 g de queijo (1 fatia média);

— Carnes e alimentos ricos em proteínas: 60-90 g de carne magra bovina, peixe ou ave, ou 2 ovos, ou 1 xícara de feijão cozido, ou ½ xícara de nozes;

— Verduras: 1 xícara de verduras cruas (folhas verdes picadas), ou ½ xícara de verduras cozidas ou cruas, ou ¾ xícara de verduras batidas (suco);

— Frutas: 1 fruta média (laranja, maçã ou banana), ou ½ xícara de fruta picada, ou ¾ de xícara de suco de fruta;

— Glicídios (Carboidrato): 1 fatia de pão, ou 30 g de cereal pronto, ou ½ xícara de arroz ou massa.

Na Pirâmide Alimentar proposta, o consumo das porções mínimas recomendadas nos grupos corresponde a uma média de 1.200 Calorias/dia, o mínimo recomendado para o adulto, e o consumo das porções máximas corresponde a uma média de 2.000 Calorias/dia.

A água, componente essencial às reações químicas e ao transporte de substâncias para todo o organismo, deve ser de qualidade e consumida em abundância. Colocada fora da Pirâmide Alimentar, mas, também, importante e necessária, a atividade física moderada é imprescindível ao bem-estar geral e ao retardamento das doenças crônicas degenerativas, assim como a alimentação saudável.

Também importantes para uma vida mais saudável são os princípios enunciados por Duarte (1978. p. 18):

1. Comer, diariamente, pelo menos um alimento de cada um dos grupos;

2. Comer sempre uma porção certa dos diversos tipos de alimentos;

3. Estabelecer os horários das refeições;

4. Conhecer a composição química dos diversos alimentos ou, pelo menos, o grupo a que pertencem;

5. Comer sempre alimentos em boas condições de conservação puros ou misturados a outros alimentos, para evitar doenças;

6. Lembrar que os maus hábitos alimentares adquiridos são os responsáveis pela recusa a algum tipo de alimento;

7. Ingerir o alimento pensando que ele poderá fazer mal talvez o faça mesmo, se a pessoa não estiver em condições perfeitas de saúde ou ainda se estiver convencida deste fato;

8. Nunca deixar de comer um alimento necessário por não gostar. Aprende--se a gostar começando a comê-lo em pequenas porções.

Com o intuito de auxiliar o leitor quando da necessidade de quantificar caloricamente a ingestão de bebidas alcoólicas, doces (com e sem açúcar) e sorvetes, transcrevem-se, a seguir, anotações úteis e práticas encontradas em autores compulsados.

a) Bebidas Alcoólicas:

O álcool apresenta, por grama, quase tantas Calorias quanto as gorduras. Cada ml de álcool que se ingere, quando metabolizado em nosso organismo, produz 7 Calorias.

b) Valor calórico aproximado de bebidas alcoólicas:

ITEM	PORÇÃO(ml)	VOLUME ALCOÓLICO	CALORIAS
DRINQUES MISTOS COM DESTILADOS			
Bloody Mary	150	12%	116
Daiquiri	60	28%	111
Gin tônica	225	9%	171
Manhattan	60	37%	128
Martini	75	38%	156
Piña colada	135	12%	262
Screwdriver	210	8%	174
Tequila sunrise	165	14%	189
Tom Collins	225	9%	121
Whisky sour	105	17%	160
VINHO E PRODUTOS RELACIONADOS			
Vinhos comuns	120	10% - 14%	85
Vinhos brancos doces	120	10% - 14%	100
Vinhos suaves	150	6% - 10%	65
Coolers (suco de frutas, água gasosa, vinho branco, açúcar)	360	3,5% - 6%	220
Porto	120	19%	158
Xerez	90	19%	125
CERVEJA			
Comum	360	3% - 5%	150
Light	360	3% - 5%	100
BEBIDAS FERMENTADAS MAIS FORTES			
Cervejas escuras ou pretas e bebidas maltadas	360	5% - 8%	150
COMPARAÇÃO DE UNIDADES DE MEDIDA			
15 ml etanol = 45 ml de bebida a 40° = 120 ou 150 ml de vinho = 360 ml de cerveja			

Pequenas quantidades de álcool estimulam o apetite e a digestão, mas o abuso rapidamente anula estes benefícios. Um simples fim de semana de bebedeira causa um acúmulo de células adiposas no fígado. Mesmo com o extraordinário poder de recuperação deste órgão, o uso contínuo acarreta danos hepáticos permanentes e problemas na metabolização da glicose, de diversas vitaminas e sais minerais. As deficiências nutricionais podem gerar distúrbios mais graves, inclusive anemia, danos neurológicos e problemas mentais.

c) Doces e açucares:

Tipo	Porção correspondente a 100 Calorias
Açúcar	5 colheres de chá
Mel	2 colheres de sopa
Melado	2 colheres de sopa
Glicose de milho	2 colheres de sopa
Xarope de groselha	2 colheres de sopa
Geleia de frutas	2 colheres de sopa (rasas)
Caramelos	2 unidades
Chocolate doce em pó (Toddy®, Ovomaltine®, Nescau® e similares)	2 colheres de sopa
Chocolate em tabletes	1 tablete
Doces de confeitaria	1 unidade
Doces em pasta	1 fatia pequena (30 g)
Ameixa em calda	2 a 3 unidades
Docinhos de aniversário	2 a 3 unidades
Figo seco	3 unidades
Figo em compotas	2 unidades pequenas
Bombons	1 unidade

d) Doces sem açúcar:

Tipo	Calorias
Geleia (1 porção ou 1 colher de sopa)	15
Compotas (1/6 de lata)	20
Pudins – 1 porção	70
Gelatinas – 1 porção	10

e) Sorvetes:

Tipo	Porção correspondente a 100 Calorias
Cremosos dos diferentes tipos	1 bola ou 2/3 da caixinha
Picolés (abacaxi, maracujá, limão e laranja)	2 picolés
Picolés (chocolate, coco, manga e café)	1 picolé

Ao terminar este capítulo queremos alertar para o fato de que, ao se organizar o cardápio, há necessidade de bom-senso e oportunidade, pois as leis da alimentação devem ser obedecidas para evitar os distúrbios nutricionais, os quais só aparecerão após muito tempo de transgressões alimentares continuadas.

PARTE 3 — VALOR CALÓRICO DOS ALIMENTOS

O homem necessita de energia para manter sua temperatura corporal, realizar trabalho orgânico e desenvolver suas atividades. A referida energia é encontrada nos alimentos, os quais a fornecem sob a forma química ou potencial, que no organismo humano irá transformar-se em energia térmica, mecânica e elétrica, produzindo calor, trabalho físico ou mecânico e elétrico.

A energia acumulada nos alimentos sob a forma química ou potencial é proveniente da energia solar captada pela fotossíntese, reação química endergônica originada na ação da luz solar sobre o sistema clorofila-gás carbônico.

Os alimentos são as misturas habitualmente comidas, como *in natura*, por exemplo: uma fruta, ou "artefatos", por exemplo: um bife. Cada uma destas misturas possui, além de substâncias inertes como a celulose, os nutrientes (princípios nutritivos ou nutrimentos), em maior ou menor quantidade.

Os principais nutrientes são agrupados em seis classes assim relacionadas:

1ª) Protídeos ou proteínas;

2ª) glicídios ou hidratos de carbono (carboidratos);

3ª) lipídios ou gorduras;

4ª) água;

5ª) sais minerais ou elementos minerais; e

6ª) vitaminas.

Os componentes das três primeiras classes, além de contribuírem com elementos para a construção e reparação dos tecidos, fornecem energia para as atividades vitais. Diante do exposto, conclui-se que os nutrientes são classificados em energéticos e não energéticos.

Os nutrientes energéticos são as proteínas, os glicídios e as gorduras, ao passo que os nutrientes não energéticos são a água, os sais minerais e as vitaminas.

Em condições normais, os glicídios e as gorduras fornecem aproximadamente 98% do total de energia requerida pelo organismo, sobrando apenas 2% para as proteínas.

Para se calcular o valor de combustão dos nutrientes energéticos, por extensão dos alimentos, utiliza-se a bomba calorimétrica de Berthelot ou de Atwater, podendo-se, também, usar o Oxicalorímetro de Benedict, ou então se utilizam as Tabelas de Composição Química dos Alimentos, as quais foram preparadas utilizando-se um destes aparelhos, que podem ser regionais ou nacionais.

Neste livro utiliza-se uma Tabela de Composição Química dos Alimentos adaptada de vários autores compulsados e constantes das Referências Bibliográficas, sendo apresentada como Anexo Especial.

O calor produzido pelos nutrientes é medido em Calorias, sendo que o valor calórico do alimento será, portanto, a soma das Calorias fornecidas pelos diferentes nutrientes energéticos constituintes do alimento em estudo.

A caloria usada em Metabologia é a grande caloria ou quilocaloria (abreviando--se Kcal ou Cal), ou seja, a quantidade de calor necessária para elevar de 1°C (um grau centígrado), isto é, de 14,5°C a 15,5°C, a temperatura de um quilograma de água. Logo, a quilocaloria corresponde a 1.000 pequenas calorias.

Os glicídios e as gorduras queimam-se da mesma maneira, tanto na bomba calorimétrica ou no oxicalorímetro, quanto no organismo humano, produzindo em ambos gás carbônico (CO_2) e água (H_2O).

As proteínas queimam-se de maneira diferente: na bomba calorimétrica ou no oxicalorímetro queimam-se totalmente, eliminando o nitrogênio sob a forma de diferentes gases, ao passo que no organismo humano uma parte não se oxida, sendo eliminada como ureia, ácido úrico e creatinina. Neste caso, haverá uma diferença entre a quantidade de calor produzida pela proteína na bomba calorimétrica e no organismo humano. Na bomba calorimétrica, 1 (um) grama de proteína seca produz 5,65 Calorias (Cal), valor este determinado por Atwater (COUTINHO, 1966. p. 31); mas, no organismo humano, a mesma quantidade do nutriente produzirá 4,35 Calorias. Sherman (COUTINHO, 1966. p. 31) calculou em 1,30 Caloria a energia resultante da queima de todas as substâncias nitrogenadas excretadas pela urina. A queima de um grama de glicídios produz 4,1 Calorias e de um grama de gorduras produz 9,45 Calorias, tanto na bomba calorimétrica ou no oxicalorímetro, como no organismo humano.

O organismo humano não é uma máquina que renda 100%, pois uma parte dos alimentos ingeridos não será absorvida e, consequentemente, não será metabolizada, mas sim eliminada pelas fezes, ou então utilizada pelas bactérias intestinais, no caso das proteínas e dos glicídios. Dos glicídios perdem-se 2%, das gorduras 5% e das proteínas 8%. Assim sendo, para fins práticos, considera-se o seguinte:

a) glicídios = 4,1 Calorias x 98% = 4,0 Calorias/grama;

b) gorduras = 9,45 Calorias x 95% = 9,0 Calorias/grama;

c) proteínas = 4,35 Calorias x 92% = 4,0 Calorias/grama.

O calor produzido na Bomba Calorimétrica ou no Oxicalorímetro denomina-se caloria bruta e o calor eliminado no organismo humano, caloria líquida.

A conclusão que se extrai dos dados aqui relacionados é a de que os valores de combustão dos nutrientes não são números termoquímicos, mas sim fisiológicos, os quais se alteram com as condições de cada organismo vivo, o que exige do Nutrólogo elevado senso crítico para não prejudicar a homeostase do organismo vivo, nas mais variadas condições fisiológicas.

Quando se utiliza a Tabela de Composição Química dos Alimentos (encontrada em todos os livros de nutrição, publicados no Brasil), o procedimento deverá ser o seguinte:

1º) averiguar para que quantidade de alimento os dados são expressos; geralmente as tabelas analisam 100 gramas de alimento;

2º) observar se é para alimento cru ou cozido;

3º) se é tabela Nacional, Regional, Local ou Estrangeira.

Vamos exemplificar a utilização da Tabela de Composição Química dos Alimentos, usando arroz e couve.

1º) Exemplo: determinar a composição química e o valor calórico de 100 gramas de arroz cru.

Composição Química

7,20 gramas de proteínas

0,60 grama de gorduras

79,70 gramas de glicídios

Valor Calórico

7,20 g x 4 Calorias =   28,80 Cal

0,60 g x 9 Calorias =   5,40 Cal

79,70 g x 4 Calorias = 318,80 Cal

Somando-se o valor calórico dos nutrientes energéticos do arroz, obtém-se 353 Calorias, que é o valor calórico total dos 100 gramas de arroz.

2º) Exemplo: determinar a composição química e o valor calórico de 100 gramas de couve.

Composição Química

4,50 gramas de proteínas

0,70 grama de gorduras

7,50 gramas de glicídios

Valor Calórico

4,50 g x 4 Calorias = 18,00 Calorias

0,70 g x 9 Calorias = 6,30 Calorias

7,50 g x 4 Calorias = 30,00 Calorias

Somando-se o valor calórico dos nutrientes energéticos da couve, obtém-se 54,3 Calorias, que é o valor calórico total dos 100 gramas de couve.

As vitaminas, os sais minerais e a água não participam do fornecimento de energia ao organismo humano, mas são indispensáveis como reguladores das várias reações que nele ocorrem, influenciando no aproveitamento dos nutrientes energéticos: proteínas, gorduras e glicídios.

PARTE 4 — OS PRINCIPAIS NUTRIENTES E SUAS RESPECTIVAS FONTES

Quando se ingere carne, açúcar, gorduras, verduras e cereais, incorporam-se ao organismo da pessoa os diferentes nutrientes alimentares (princípios nutritivos ou nutrimentos).

Define-se nutriente como toda substância química indispensável para a saúde e à atividade do organismo vivo.

Os nutrientes são de duas espécies, quando analisados sob o ponto de vista da sua utilização e incorporação por parte do organismo humano, sendo a primeira os alimentos propriamente ditos, isto é, os que se incorporam ao corpo, e a segunda, as substâncias que não se incorporam ao organismo.

Exemplo de nutriente que não se incorpora ao organismo é a celulose, pois não é absorvida, mas cumpre uma função de nutrição, estimulando o peristaltismo intestinal. Outro nutriente que não se incorpora ao organismo é o álcool, o qual, do ponto de vista fisiológico, fornece energia mediante o processo de oxidação (queima), sendo que cada grama de álcool metabolizado produz 7 Calorias.

Como se viu anteriormente, os nutrientes são classificados em energéticos e não energéticos.

O valor nutritivo de um alimento está na dependência dos nutrientes que ele contém.

A seguir, faz-se uma revisão didática dos nutrientes, para que o leitor tenha condições de optar pelos mais úteis para o organismo, quando do planejamento da sua dieta racional.

1 — Estudo químico-fisiológico dos nutrientes energéticos

1.1. — Proteínas

Conceito

As proteínas (Protídeos) são substâncias químicas quaternárias constituídas por carbono, hidrogênio, oxigênio e nitrogênio; quase todas contêm enxofre, muitas possuem fósforo, outras têm ferro, cobre, manganês e iodo.

À medida que se desenvolve a ciência da nutrição, cresce o valor das proteínas. As alterações do metabolismo destas no organismo humano vivo estão associadas ao definhamento nutricional e a muitos estados patológicos com os quais o médico se defronta.

Os estudos modernos revelam que muitas substâncias são proteínas ou derivados proteicos. Vários hormônios, como os da hipófise e do pâncreas, são proteínas, assim como as enzimas e os anticorpos.

As proteínas são as substâncias fundamentais da cromatina do núcleo e do cromossoma. A parte fundamental do gene ácido desoxirribonucleico — DNA — é proteína. São as moléculas gigantes específicas do DNA que passam de geração a geração e, através dos vastos domínios da evolução, mantêm a continuidade da matéria viva, assegurando que um elefante continue a ser um elefante e um mosquito um mosquito. Os vários agentes patogênicos de várias doenças (resfriado, gripe, sarampo e poliomielite, etc.) são proteínas.

As proteínas são formadas por cadeias longas de aminoácidos, que são em número de 20.

Atingindo o organismo o seu crescimento máximo, o corpo não pode armazenar proteína, e por isso toda a proteína que é ingerida e absorvida é metabolizada.

Finalmente, as proteínas são as principais substâncias construtoras do organismo, mais essenciais para construção e reparo nos tecidos do que as gorduras e os glicídios. Durante o crescimento do organismo, precisa-se, portanto, de maior quantidade de proteína para a formação dos tecidos orgânicos. E quando somos adultos, em certos estados fisiológicos ou patológicos, necessitamos também de proteína para a construção dos tecidos. É o que sucede principalmente: a) durante o treino atlético, quando os músculos estão aumentando de tamanho; b) depois de uma doença consuntiva, quando os músculos estão readquirindo o que perderam; c) durante a gestação, para atender às necessidades do feto, e para algum aumento do organismo materno.

Constituição

As proteínas são constituídas de substâncias mais simples, chamadas aminoácidos. Atualmente, conhecem-se 20 L-α-aminoácidos (MURRAY *et al.*, 1998. p. 23), os quais se acham ligados uns aos outros formando os peptídeos. Uma molécula proteica pode conter 100 ou mais unidades de ácidos aminados ou aminoácidos. O número, a qualidade e a ordem como eles se acham na proteína é o que caracteriza cada proteína. Os aminoácidos são os elementos que dão às proteínas as suas características nutricionais.

Os aminoácidos são classificados em essenciais e não essenciais:

Aminoácidos essenciais são aqueles que o organismo vivo não é capaz de sintetizar em quantidade suficiente para satisfazer suas necessidades, devendo ser fornecidos por meio dos alimentos.

Aminoácidos não essenciais são aqueles que o organismo vivo é capaz de sintetizar em quantidade suficiente para cobrir suas necessidades, utilizando substâncias presentes em seu meio interno.

Para o organismo adulto são 8 (oito) os aminoácidos essenciais e para a criança são 9 (nove).

Adulto	Criança
Leucina	Histidina
Isoleucina	Isoleucina
Lisina	Leucina
Treonina	Lisina
Metionina	Treonina
Fenilalanina	Metionina
Valina	Fenilalanina
Triptofano	Valina
	Triptofano

As proteínas diferem quanto à ordem e proporção em que se encontram os aminoácidos de sua composição. Estas diferenças darão a qualidade da proteína, ou seja, seu valor biológico.

O aminoácido essencial que se encontra em proporção inadequada é chamado **aminoácido limitante**, que é aquele que limita a capacidade de utilização da proteína, prejudicando seu aproveitamento máximo pelo organismo.

Para uma informação mais completa, disponibiliza-se a relação dos L-α--Aminoácidos constituintes da molécula proteica, quanto ao grupo, nome comum, abreviatura, nome químico e fórmula estrutural (MURRAY *et al.*, 1998. p. 23).

Relação dos L-α-Aminoácidos constituintes da molécula proteica:

Nome Comum	Símbolo	Fórmula Estrutural	pK_1 α-COOH	pK_2 α-NH_3^+	pK_3 Grupo R
Com cadeias laterais alifáticas					
Glicina	Gly [G]	H—CH—COO⁻ / NH_3^+	2,4	9,8	
Alanina	Ala [A]	CH_3—CH—COO⁻ / NH_3^+	2,4	9,9	
Valina	Val [V]	H_3C\ H_3C/CH—CH—COO⁻ / NH_3^+	2,2	9,7	
Leucina	Leu [L]	H_3C\ H_3C/CH—CH_2—CH—COO⁻ / NH_3^+	2,3	9,7	
Isoleucina	Ile [I]	CH_3—CH_2\ CH_3/CH—CH—COO⁻ / NH_3^+	2,3	9,8	
Com cadeias laterais contendo grupos hidroxílicos (OH)					
Serina	Ser [S]	CH_2—CH—COO⁻ / OH NH_3^+	2,2	9,2	~13
Treonina	Thr [T]	CH_3—CH—CH—COO⁻ / OH NH_3^+	2,1	9,1	~13
Tirosina	Tyr [Y]	Veja adiante			
Com cadeias laterais contendo átomos de enxofre					
Cisteína	Cys [C]	CH_2—CH—COO⁻ / SH NH_3^+	1,9	10,8	8,3
Metionina	Met [M]	CH_2—CH_2—CH—COO⁻ / S CH_3 NH_3^+	2,1	9,1	
Com cadeias laterais contendo grupos ácidos ou suas amidas					
Ácido aspártico	Asp [D]	⁻OOC—CH_2—CH—COO⁻ / NH_3^+	2,0	9,9	3,9
Asparagina	Asn [N]	H_2N—C(=O)—CH_2—CH—COO⁻ / NH_3^+	2,1	8,8	
Ácido glutâmico	Glu [E]	⁻OOC—CH_2—CH_2—CH—COO⁻ / NH_3^+	2,1	9,5	4,1
Glutamina	Gln [Q]	H_2N—C(=O)—CH_2—CH_2—CH—COO⁻ / NH_3^+	2,2	9,1	

Relação dos L-α-Aminoácidos constituintes da molécula proteica:

Nome Comum	Símbolo	Fórmula Estrutural	pK$_1$ α-COOH	pK$_2$ α-NH$_3^+$	pK$_3$ Grupo R
Com cadeias laterais contendo grupos básicos					
Arginina	Arg [R]		1,8	9,0	12,5
Lisina	Lys [K]		2,2	9,2	10,8
Histidina	His [H]		1,8	9,3	6,0
Contendo anéis aromáticos					
Histidina	His [H]	Veja acima			
Fenilalanina	Phe [F]		2,2	9,2	
Tirosina	Tyr [Y]		2,2	9,1	10,1
Triptofano	Trp [W]		2,4	9,4	
Iminoácidos					
Prolina	Pro [P]		2,0	10,6	

Classificação das proteínas

As proteínas são divididas em três grupos, de acordo com seu valor nutricional:

a) completas;

b) parcialmente completas ou incompletas; e

c) incompletas.

a) As proteínas completas são aquelas que mantêm o animal e promovem o crescimento do animal jovem, quando usadas como única fonte proteica. Exemplo: caseína e lactoalbumina do leite e do queijo; ovoalbumina e ovovitelina do ovo; albumina e miosina da carne; glicínia da soja e glutina dos cereais;

b) As proteínas parcialmente completas ou parcialmente incompletas mantêm a vida, porém não promovem o crescimento do animal. Exemplo: gliadina do trigo (pobre em lisina); faseolina do feijão comum e legumelina da soja;

c) As proteínas incompletas são incapazes de manter a vida ou de promover o crescimento, quando usadas como única fonte proteica. Exemplo: zeína do milho (desprovida de lisina e triptofano) e gelatina (pobre em triptofano e tirosina).

A mistura de duas ou mais proteínas vegetais diferentes, entretanto, pode resultar numa proteína de melhor qualidade (melhor valor biológico), quando possuem aminogramas que se completam. Por exemplo, ao se misturar a do arroz, que tem o aminoácido limitante a lisina, com a do feijão, em que a lisina é abundante, obtém-se uma proteína de melhor valor biológico (proteína completa), pois ambas as proteínas se completam, propiciando a síntese da proteína do organismo. Outros exemplos: massa com carne, milho com leite, etc.

Digestão das proteínas

As proteínas não sofrem digestão na boca. A sua digestão se inicia no estômago, onde vão sofrer a ação de enzimas proteolíticas — a pepsina, há muito conhecida, e outra, de descoberta mais recente, a catepsina. Esta inicia a digestão porque age com pH mais elevado; à medida que aumenta a acidez do suco gástrico, entra em ação a pepsina, que não se encontra ativa na mucosa gástrica, porém sob a forma do precursor inativo — o pepsinogênio.

Para se formar a pepsina, é necessário que o pH seja inferior a 6, isto é, um meio levemente ácido. A pepsina liberada vai agir aumentando a taxa de conversão, sendo que o pH ótimo para isso é de aproximadamente 2. Ainda no suco gástrico, temos outra enzima — a quimozina ou coalho —, a qual coagula a caseína (proteína do leite) na presença de sais de cálcio, também em meio ácido.

A digestão continua na parte superior do intestino delgado (duodeno), onde os produtos provenientes do estômago irão sofrer a ação das enzimas do suco pancreático — a tripsina e a quimiotripsina. A tripsina provém de um precursor — o tripsinogênio. A transformação deste último em tripsina se processa mais rapidamente com pH 7 a 8, isto é, levemente alcalino. Há outra enzima — a enteroquinase — que também pode transformar o tripsinogênio em tripsina. A quimiotripsina se origina do quimiotripsinogênio.

As enzimas do suco gástrico e do pancreático são chamadas proteinases e levam à degradação da proteína até a forma de peptídio e de ácidos aminados. Depois temos as enzimas que vão agir sobre as moléculas proteicas menores — as peptidases. No suco pancreático, temos uma destas — a carboxipeptidase, assim chamada porque hidrolisa a cadeia peptídica terminal, somente quando existe uma carboxila livre no fim da cadeia. E, finalmente, as exopeptidases intestinais, secretadas pela mucosa intestinal, que desdobram os peptídios resultantes da digestão sofrida pelas proteínas, transformando-os em aminoácidos, sob cuja forma serão absorvidos. Algumas exopeptidases são aminopeptidases.

Absorção das proteínas

Nem toda proteína se converte em aminoácido. Há proteínas e polipeptídios que são absorvidos integralmente, o que explica a sensibilidade a certas proteínas e, portanto, alergias alimentares. A absorção intestinal tem lugar, principalmente, na porção superior do intestino delgado. Depois de absorvidos os produtos da digestão das proteínas, especialmente os aminoácidos, entram na veia porta e daí passam aos linfáticos e vão ser metabolizados no fígado.

Dieta hipoproteica e hiperproteica

São dietas em que a quantidade de proteínas pode ser inferior ou superior às necessidades diárias mínimas ou máximas.

Necessidades ou requerimentos de proteínas

Para o cálculo das necessidades proteicas diárias, deve-se atentar para o valor biológico da proteína, o estado fisiológico e, por vezes, patológico do indivíduo.

A alimentação diária deve proporcionar uma quantidade suficiente de proteínas para satisfazer as reparações teciduais e a formação de novos tecidos, recomendando-se que pelo menos 50% seja de origem animal.

A necessidade proteica do adulto é, proporcionalmente, menor que as necessidades do lactente, pré-escolar, gestante e nutriz, o que se justifica facilmente pelas próprias condições de crescimento e estado fisiológico.

De modo geral, para uma alimentação adequada, usamos de 1 a 2 g/Kg de peso corporal para o adulto e de 2 a 3 g/Kg de peso corporal para lactente, pré-escolar, gestante e nutriz.

A outra maneira de determinarmos as necessidades proteicas é a de se destinar de 11 a 15% do Valor Calórico Total (VCT) da dieta para as proteínas.

Fontes de proteínas

As proteínas completas ou de primeira classe são aquelas do reino animal, reconhecidamente superiores às proteínas vegetais, excetuando-se a glicinina da soja e glutelina dos cereais, que são de segunda classe (parcialmente completas e incompletas).

As proteínas animais são fornecidas pelo leite e derivados, excetuados a manteiga, a carne, as vísceras e o ovo. As proteínas vegetais encontram-se nas leguminosas: ervilha, soja, feijão, lentilha; nos cereais: trigo, arroz, aveia, milho e nozes.

A carência de proteínas causa a desnutrição proteica.

O consumo de proteínas animais é farto nos países de alto nível econômico e deficiente nos países subdesenvolvidos ou em desenvolvimento.

1.2. — Gorduras

Conceito

As gorduras (Lipídios) são substâncias químicas terciárias, constituídas de carbono, hidrogênio e oxigênio, largamente distribuídas no reino vegetal e animal. Nos animais, especialmente entre os mais elevados na escala zoológica, encontram-se em todos os tecidos, entre os músculos e ao redor dos órgãos, servindo como COXINS.

No indivíduo bem-proporcionado, a gordura representa cerca de 12% do peso corporal, sendo que a média da percentagem de gordura para o peso normal variará com a idade da pessoa e será tanto maior quanto mais velha for. Existem tabelas que relacionam essas percentagens, bem como métodos especiais para se determinar a gordura existente em nosso corpo.

As gorduras permanecem mais tempo no estômago do que os outros dois nutrientes energéticos — as proteínas e os glicídios —, daí o seu grande poder de saciação da fome.

O tecido adiposo subcutâneo, além de ser reserva potencial de energia, protege o corpo contra o frio, intervindo, portanto, na regulação térmica do corpo.

As gorduras são as principais responsáveis pela palatabilidade dos alimentos, pois a sua ausência ou diminuição na dieta torna os alimentos menos apetitosos.

As gorduras têm papel importante na veiculação das vitaminas lipossolúveis A — D — E e K.

Portanto, as gorduras são uma forma concentrada de energia, pois, ao serem metabolizadas, fornecem 9 Calorias por grama.

Do exposto, conclui-se que as gorduras têm as seguintes funções:

a) servem como fonte calórica;

b) são veiculadoras das vitaminas lipossolúveis: A, D, E, K;

c) melhoram a palatabilidade dos alimentos;

d) têm efeito na ação específico-dinâmica de outros alimentos;

e) oferecem proteção no jejum;

f) são constituintes das membranas;

g) pela sua baixa condutividade térmica, reduzem a perda de calor; e

h) são tecidos de sustentação.

Classificação

As gorduras são classificadas em:

a) gorduras simples — gorduras, ceras e óleos;

b) gorduras complexas — fosfolipídios, glicolipídios, aminolipídios e sulfolipídios;

c) derivados das gorduras — colesterol.

Constituição das gorduras

As gorduras são constituídas por glicerol e ácidos graxos ou ácidos gordurosos como elementos principais.

Os ácidos graxos são classificados, de acordo com o número de ligações duplas e a posição dos átomos de carbono nas moléculas, em:

a) ácidos graxos saturados;

b) ácidos graxos não saturados ou insaturados.

Do ponto de vista nutricional, os ácidos graxos são assim classificados:

a) ácidos graxos essenciais;

b) ácidos graxos não essenciais.

Esta noção é importante, pois o ácido graxo não saturado essencial não é fabricado pelo organismo vivo, e necessita constar da dieta para evitar alterações no organismo, que estão relacionadas com eczema, principalmente na infância.

Os ácidos graxos essenciais são:

a) linoleico;

b) linolênico;

c) araquidônico.

Digestão e absorção das gorduras

As gorduras não sofrem digestão na boca e no estômago. Embora alguns autores afirmem que existe uma lipase gástrica, esta teria uma ação débil e ineficiente, talvez seja a própria lipase do suco pancreático que regurgita do duodeno penetrando no estômago.

Chegando ao intestino delgado, as gorduras sofrerão a ação das lipases pancreática e entérica, sendo desdobradas em glicerol e ácidos graxos. A bile contribui muito para a digestão e a absorção das gorduras. A bile, secretada pelo fígado, é depositada na vesícula biliar, entre as refeições, sendo descarregada durante a digestão, neutralizando a reação ácida do bolo alimentar, dando oportunidade para a ação da lipase pancreática. Além disso, a bile, ou melhor, os sais biliares, baixa a tensão superficial, permitindo a emulsão das gorduras.

O ponto de fusão das gorduras é o fator mais importante na determinação da taxa de absorção.

A digestão e a absorção variam com a idade da pessoa. Crianças com menos de 1 ano de idade e pessoas idosas não as absorvem com eficiência. É conveniente e aconselhável restringir, aos velhos, o consumo de alimentos ricos em gorduras, em razão de sua digestão mais difícil.

Necessidades diárias de gorduras

É difícil estabelecer um mínimo necessário de gordura na alimentação humana, pois, em condições experimentais, foi possível manter a integridade física com dietas bastante pobres neste nutriente.

Sem dúvida, é necessária uma pequena quantidade de gordura para veicular as vitaminas lipossolúveis e os ácidos graxos essenciais.

As necessidades de gorduras de um indivíduo dependem diretamente das atividades por ele desenvolvidas, do clima e da região (quanto mais frio, maior a necessidade calórica, devendo ser aumentada a quantidade de gorduras da dieta).

Recomenda-se que de 25 a 35% do Valor Calórico Total (VCT) da dieta seja proveniente de gorduras.

Fontes das gorduras

Entre os alimentos há gorduras de origem animal e vegetal. As gorduras animais, à temperatura ambiente, em geral apresentam-se sólidas ou semissólidas, enquanto as gorduras vegetais, denominadas óleos, se apresentam líquidas.

A margarina é gordura vegetal, que, por um processo de hidrogenação, apresenta características bem semelhantes à manteiga (gordura animal).

São consideradas fontes de gorduras animais: manteiga, creme de leite, banha de porco, toucinho e carnes gordas.

Nozes, castanhas e demais sementes oleoginosas, assim como óleos extraídos do milho, do arroz, da semente de girassol, da soja, da semente de algodão, da azeitona, etc., são fontes de gorduras vegetais.

Como conclusão, pode-se dizer que, se se substituir a gordura pelos glicídios, maior será o enchimento ou repleção do tubo digestivo, com desconforto, e maior fermentação pelo excesso de hidrocarbonados. A gordura é, repitamos, um alimento energético concentrado. Tendo absorção lenta, a gordura é muito conveniente para a dieta dos que executam trabalhos pesados, como os lenhadores e britadores de climas frios. Têm, assim, as gorduras, um forte efeito saciante, isto é, de manter a confortável sensação de ausência de fome.

1.3. — Glicídios

Conceito

Os glicídios (Hidratos de Carbono ou Carboidratos) são compostos químicos terciários formados de carbono, hidrogênio e oxigênio, estando estes dois últimos na mesma proporção existente na água. Daí a denominação de Hidratos de Carbono — forma hidratada do carbono — que se lhes dá.

Quimicamente os glicídios são derivados aldeídos ou cetônicos de álcoois poli-hídricos superiores, ou compostos que, ao serem hidrolisados, fornecem aqueles derivados.

A designação de glicídios foi dada por uma comissão internacional de nomenclatura, reunida em Copenhague, em 1924.

Nas células animais, os glicídios constituem importante fonte de energia para as atividades vitais e são a base da dieta das populações tropicais e subtropicais.

É alta a percentagem de Calorias fornecidas pelos glicídios na dieta do operário, o que se justifica, pois são as Calorias mais baratas. O consumo destes nutrientes sobe à medida que os salários descem.

Por meio do processo da fotossíntese se formam os glicídios, de acordo com a seguinte reação:

$$nCO_2 + nH_2O + \text{Energia Solar} = n(CH_2O) + nO_2$$
$$(680 \text{ Cal})$$

A síntese dos glicídios requer, portanto, a presença de luz solar e da clorofila, que é o pigmento verde das folhas das plantas. A clorofila absorve a energia da luz do sol; logo, a fotossíntese é uma reação endergônica. Mais tarde, quando o glicídio for metabolizado no organismo animal e se desdobrar em gás carbônico (dióxido de carbono ou anidrido carbônico) e água, a quantidade de energia libertada (liberada) será idêntica à acumulada sob a forma potencial.

Os glicídios têm função essencialmente energética, fornecendo, por oxidação, 4 Calorias por grama.

Classificação

Os glicídios que interessam à nutrição podem ser divididos em três grupos.

a) Grupo dos Monossacarídios

Os monossacarídios (chamados de açúcares simples) não necessitam sofrer qualquer transformação no aparelho digestivo para serem absorvidos em nosso organismo; passam diretamente do intestino delgado para o sangue. Sua fórmula geral é $C_nH_{2n}O_n$ e podem ser subdivididos em trioses, tetroses, pentoses, hexoses ou heptoses, dependendo do número de átomos de carbono que possuem. De acordo com o agrupamento químico que apresentam, serão aldoses ou cetoses.

Os monossacarídios de interesse nutricional são: glicose, frutose e galactose.

b) Grupo dos Dissacarídeos

Os dissacarídeos são formados pela condensação de dois monossacarídios iguais ou diferentes, sendo sua fórmula geral $C_n(H_2O)_{n-1}$. Pela hidrólise durante a digestão gastrointestinal, os dissacarídeos podem ser rompidos nas suas hexoses componentes.

Os dissacarídeos de interesse nutricional são sacarose, lactose e maltose.

A sacarose é o açúcar de cana ou de beterraba; encontramos, ainda, no sorgo, no abacaxi e em raízes de cenoura. Por hidrólise produz uma molécula de glicose e uma de frutose.

A lactose é o açúcar do leite e por hidrólise produz uma molécula de glicose e uma de galactose.

A maltose é formada durante a digestão de amidos, existindo também no malte e nos cereais em germinação, fornecendo por hidrólise duas moléculas de glicose.

c) Grupo dos Polissacáridos

Os polissacáridos são originados da condensação de numerosas moléculas de glicose.

Os polissacáridos são divididos em:

a) Polissacáridos de esqueleto ou estruturais que servem como estrutura mecânica rígida nas plantas e nos animais; neste subgrupo, encontram-se a celulose e a quitina, sendo a celulose o constituinte principal do arcabouço das plantas, e a quitina o constituinte estrutural dos invertebrados. O trato digestivo humano não secreta uma enzima capaz de digerir a celulose, que a ele chega sob a forma de fibras. As bactérias intestinais, entretanto, podem digerir pequena parte da celulose, dela se utilizando para seu sustento e produção de alguns nutrientes para o organismo humano, como vitaminas.

A indigestibilidade da celulose pelo trato gastrointestinal humano constitui a principal vantagem para o funcionamento intestinal, pois, permanecendo indigerível, aumenta o volume do bolo fecal, estimulando os movimentos peristálticos e mantendo a exoneração intestinal regular.

São fontes de celulose: verduras, frutas, cereais integrais e leguminosas (casca).

A carência de celulose na alimentação pode provocar a prisão de ventre (obstipação intestinal), da mesma forma que o excesso pode irritar a mucosa intestinal, provocando diarreia.

b) Os polissacáridos nutrientes que constituem uma reserva metabólica de monossacarídios nos vegetais e nos animais.

Os polissacáridos nutrientes encontrados nas plantas são o amido e a inulina.

O polissacárido nutriente encontrado nos animais é o glicogênio, também chamado ou denominado de amido animal, forma sob a qual os glicídios são armazenados em nosso organismo.

A seguir, fornecem-se algumas noções sobre os principais polissacáridos nutrientes, de interesse para a nutrição humana.

Amido $(C_6H_{10}O_5)n$ — formado de uma cadeia α-glicosídica, este composto fornece pela hidrólise total apenas glicose, por isso é denominado glicosana ou glicona.

O amido natural é insolúvel na água e, com a solução de iodo, dá uma cor azul. Os dois constituintes principais do amido são a amilose (15-20%), de estrutura não ramificada, e a amilopectina (80-85%), constituída de cadeias grandemente ramificadas. Cada uma é composta de cadeias α-glicosídicas contendo de 24 a 30 moléculas de glicose. Os resíduos de glicose estão unidos por ligações 1:4 ou 1:6 (MURRAY et al., 1998. p. 141).

A inulina é um amido encontrado nos tubérculos e nas raízes das dálias, alcachofras e dentes-de-leão. É hidrolisável à frutose e, por isso, é um frutosano. A adição de iodo às soluções de inulina não produz qualquer coloração. É facilmente solúvel em água quente. Não é usada na alimentação humana, mas tem importância pelo seu uso em fisiologia na determinação do índice de filtração glomerular (MURRAY et al., 1998. p. 141).

Glicogênio — é formado por uma grande cadeia linear, constituída por várias moléculas de α-D-Glicopiranose unidas por ligações do tipo α1-4 com ramificações por meio de laços α-1-6, não é redutor e, com o iodo, dá uma reação de cor vermelha. É encontrado em grande quantidade nos músculos e no fígado. No fígado normal, a quantidade média de glicogênio é de 5 a 6% do peso total e, no músculo, o conteúdo vai de 0,4 a 0,6%. Aparentemente, a quantidade de glicogênio depositada nos músculos é menor do que a depositada no fígado, porém, se levarmos em conta a porção enorme representada pelos músculos em nosso organismo (35 kg em uma pessoa de 70 Kg de peso corporal), chega-se à conclusão de que é grande a quantidade de glicogênio retida nos músculos.

Digestão

A digestão dos glicídios é iniciada na boca, onde a amílase salivar ou ptialina atua sobre o amido e a dextrina, transformando-os em maltose. Em vista da curta permanência dos alimentos na boca, a digestão aí é reduzida. Quando o bolo alimentar penetra no estômago, devido ao baixo pH do suco gástrico, a ptialina é prontamente inativada, embora exista discreta atividade no interior do quimo, mas que será inexpressiva.

No intestino delgado, principalmente na primeira e na segunda porção (duodeno e jejuno), é onde se faz mais intensamente a digestão dos glicídios, por meio da amílase pancreática e das glicosidases do suco entérico. As glicosidases (invertase ou sacarase, lactase e maltase) agirão sobre os dissacarídeos. A sacarase ou invertase, atuando sobre a sacarose, transforma-a em glicose e frutose; a maltase, agindo sobre a maltose produzirá duas moléculas de glicose, e a lactase hidrolisará a lactose em glicose e galactose. As enzimas glicosidásicas (sacarase ou invertase, maltase e lactase), responsáveis pelo fracionamento dos dissacarídeos estão localizadas nas bordas em escova das células epiteliais na parte superior do intestino delgado.

Os monossacarídios, glicose, galactose e frutose, são imediatamente absorvidos para o sangue porta, sendo esta absorção da ordem de 97 a 98%, quando a dieta é mista.

Absorção

Os glicídios são absorvidos sob a forma de monossacarídios e no fígado, tanto a frutose, como a galactose, sendo ambas transformadas em glicogênio, para posterior utilização. Encontramos dois tipos de absorção no intestino delgado:

a) absorção não específica dos diferentes monossacarídios, por difusão resultante de forças osmóticas;

b) absorção específica dos diferentes monossacarídios, pela fosforilação e através da teoria do gradiente de sódio.

A velocidade de absorção dos monossacarídios independe de sua concentração e é diferente para cada um. Se a velocidade de absorção da glicose for tomada como 100, a da galactose será 110 e a da frutose será 43.

Metabolismo intermediário dos glicídios

O metabolismo dos glicídios, no organismo dos mamíferos, é processado por meio das seguintes maneiras ou vias principais:

1ª) glicólise ou via de Embden-Meyerhof: consiste na oxidação da glicose ou do glicogênio até lactato ou piruvato;

2ª) glicogênese: trata-se da síntese do glicogênio a partir da d-glicose;

3ª) glicogenólise: consiste na conversão do glicogênio em glicose e ocorre, principalmente, no fígado, ao passo que no músculo os produtos principais serão o piruvato e o lactato;

4ª) ciclo do ácido cítrico (ciclo de Krebs ou ciclo do ácido tricarboxílico): é a via final de oxidação dos glicídios, lipídios e proteínas pela qual a acetilcoenzima-A é completamente oxidada até dióxido de carbono (gás carbônico ou anidrido carbônico) e água;

5ª) desvio hexose-monofosfato (via oxidativa direta, ou ciclo da pentose): é uma via alternativa de Embden-Meyerhof, e do ciclo de Krebs para a oxidação da glicose até gás carbônico e água. Esta via ocorre em grandes percentagens na mulher que estiver ingerindo anticoncepcionais;

6ª) gliconeogênese: consiste na formação de glicose ou glicogênio a partir de fontes não glicídicas. As vias envolvidas na gliconeogênese são o ciclo de Krebs e a glicólise. Os principais substratos para esta via são os aminoácidos glicogênicos, o lactato e o glicerol.

As vias principais do metabolismo intermediário dos glicídios podem ser esquematizadas da seguinte forma:

VIAS PRINCIPAIS DO METABOLISMO DOS GLICÍDIOS

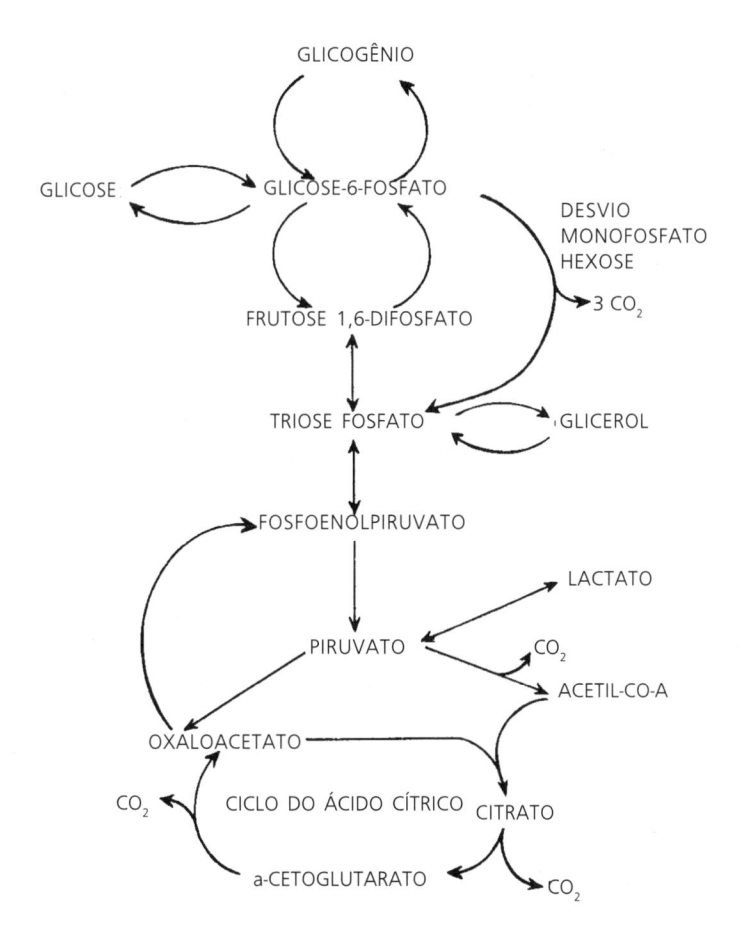

```
                    GLICOGÊNIO
                      ↑↓
   GLICOSE ⇌ GLICOSE-6-FOSFATO
                      ↑↓           DESVIO
                                   MONOFOSFATO
                                   HEXOSE
                                   → 3 CO₂
            FRUTOSE 1,6-DIFOSFATO
                      ↑↓
              TRIOSE FOSFATO ⇌ GLICEROL
                      ↑↓
        FOSFOENOLPIRUVATO
                      ↑↓                LACTATO
                                        ↗
                  PIRUVATO ←    CO₂
                                   ACETIL-CO-A
          OXALOACETATO
   CO₂ ← CICLO DO ÁCIDO CÍTRICO → CITRATO
            α-CETOGLUTARATO ← CO₂
```

Os monossacarídios, depois de absorvidos no intestino, passam pela veia porta para o fígado. O destino destes difere; enquanto a d-glicose entra na circulação, a frutose e a galactose são convertidas em glicênio e depois, se necessário, o glicogênio se converterá em glicose, por meio da glicogenólise como foi especificado.

A glicose é a forma sob a qual os glicídios se encontram no sangue, e o glicogênio é a forma sob a qual são armazenados.

Os glicídios são indispensáveis ao metabolismo do corpo em condições fisiológicas; isso vem confirmar a necessidade do uso destes quando se planeja regimes de emagrecimento, embora em menor percentagem.

Necessidades ou requerimentos diários

A percentagem dos glicídios no valor calórico total da dieta (VCT) varia com as condições de clima, situação socioeconômica, atividade muscular e hábitos alimentares. Um trabalhador braçal necessita de maior quantidade de glicídios, em sua alimentação diária, do que um trabalhador sedentário; isso também é válido para crianças, gestantes e nutrizes, que apresentam necessidades calóricas aumentadas devido ao aumento do metabolismo.

Em virtude da importância dos glicídios para determinados tecidos, como o nervoso, o hepático, o músculo cardíaco e o músculo estriado, sua quota diária não deve ser inferior a 100 gramas.

Os glicídios constituem, em geral, a principal fonte de Calorias da dieta humana em países tropicais e subtropicais, onde se recomenda, na alimentação diária, 50 a 60% do valor calórico total (VCT) da dieta, o que equivale de 4 a 8 gramas por quilograma do peso corporal nas 24 horas.

Fontes

As fontes alimentares de glicídios são universais. É no leite e na totalidade dos alimentos de origem vegetal que eles são achados pelo homem. As principais são: o açúcar, os doces, o mel de abelha, o melado de cana, os cereais (trigo, milho, arroz, etc.), as farinhas, as féculas e os alimentos feculentos, as leguminosas, entre as quais se encontra o feijão de diversos cultivares usado em diversas regiões do Brasil, e nas frutas secas ou em compotas.

2 — Estudo químico-fisiológico dos nutrientes não energéticos

2.1. — Água

Definição

Líquido insípido, inodoro, incolor, composto de Hidrogênio (2 átomos) e Oxigênio (1 átomo), H_2O. Congela a 0°C e seu ponto de ebulição é a 100°C, em pressão atmosférica normal. Depois do oxigênio, a água é o elemento mais importante para a vida. Não se pode viver sem água, senão por uns poucos dias.

Conceito

A água é essencial à vida, "sem água não há vida", já dizia Thales de Mileto. Verwom (COUTINHO, 1966. p. 153) repete o mesmo e acrescenta: com o aumento e a diminuição da quantidade de água da substância viva, dentro de certos limites, vê-se a atividade vital aumentar, reduzir-se ou extinguir-se. Muitos seres vivem na água. Para que isso aconteça é necessário que a água contenha sais minerais e gases dissolvidos. Nenhuma célula funciona quando está inteiramente seca e a maioria das células deve ser constantemente banhada com fluidos, de modo a fazer o seu trabalho. A água é um fator de disseminação dos seres vivos. À medida que diminui, restringe-se a vida; se falta realmente, a vida se detém, a biosfera se rompe e dá lugar ao deserto.

O corpo de um homem de 65 Kg contém aproximadamente 40 litros de água: destes, cerca de 25 litros se encontram dentro das células, e mais ou menos 15 litros nos fluidos extracelulares.

A água tem papel importante na regulação da temperatura dos homeotermos, pois a evaporação pelos pulmões e pela pele é responsável por 25% ou mais da perda de calor do organismo da pessoa.

Fontes

A água do organismo humano provém de três fontes:

1ª) a água tomada como bebida ou em outros líquidos;

TIPOS DE ÁGUA ENGARRAFADA

Consumida antigamente por viajantes em lugares remotos, a água em garrafa vem-se tornando uma alternativa moderna para as bebidas alcoólicas e os refrigerantes. Mesmo assim, há diversas opiniões sobre as fontes e os conteúdos das várias águas engarrafadas. A seguinte lista mostra os tipos mais comuns.

• A **água mineral** contém no mínimo 500 mg de minerais por litro. Os produtos vendidos como "água natural" não sofrem nenhuma modificação no conteúdo de minerais, enquanto outros produtos podem vir da fábrica com ajustes.

• A **água com gás** contém dióxido de carbono para ficar borbulhante. As águas gaseificadas naturais já vêm nesse estado da própria fonte; nos outros casos, a gaseificação é feita na fábrica.

- A **água potável** é colocada no mercado em garrafões dos mais diversos tamanhos e marcas. Pode ser retirada de qualquer fonte aprovada: água encanada do município, riachos, rios, reservatórios ou cisternas. Em seguida, é filtrada e desinfetada, e o conteúdo mineral pode ser ajustado.

- A **água termal** é retirada de fontes naturais. Pode ou não conter gás, seja por processo natural ou artificial de gaseificação. Normalmente, o conteúdo mineral é inalterado.

- A **água purificada** é aquela que foi esterilizada e filtrada para remover seus minerais naturais.

- **Club Soda** é água encanada filtrada que foi gaseificada e enriquecida com bicarbonatos, citratos, fosfatos e outros tipos de sais minerais.

- A **água destilada** é purificada por evaporação, o que remove seus minerais. Os vapores são em seguida recondensados para sua forma líquida — a água.

2ª) a água existente nos alimentos sólidos, especialmente nas frutas e verduras. O pão possui cerca de 40% de água e um bife 50%;

A ÁGUA NOS ALIMENTOS DO DIA A DIA

Aproximadamente um terço do nosso consumo diário de água provém de alimentos sólidos. É surpreendente a quantidade de água que alguns desses alimentos contêm. As frutas e os legumes fornecem a maior parte, mas as carnes, peixes, pães e laticínios também fornecem quantidades razoáveis.

ALIMENTO	QUANTIDADE DE ÁGUA
PÃES, BOLOS E BISCOITOS 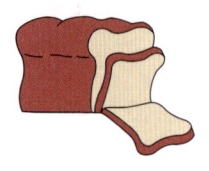	A maioria dos pães contém aproximadamente 35% de água. Os biscoitos do tipo *cream cracker* contêm entre 3 e 7% de água; os amanteigados, entre 3 e 6%; e os bolos e as tortas, de 20 a 35%.
LATICÍNIOS 	Os queijos brancos contêm aproximadamente 60% de água. Queijos amarelos, de 35 a 40%. Queijos brancos com casca contêm 50%. Manteiga e margarina contêm 16% de água, enquanto a margarina dietética de baixo teor de gordura contém em torno de 50%. O leite contém 90% de água. A nata contém de 48 a 80%.
PEIXES, CRUSTÁCEOS E MOLUSCOS 	O conteúdo de água de vários peixes é semelhante, sendo que o bacalhau, o *haddock*, o linguado, o salmão e a truta contêm 75%. A maioria dos crustáceos e moluscos contém uma quantidade semelhante de água, mas alguns, como por exemplo as ostras, chegam a 85% de água.

ALIMENTO	QUANTIDADE DE ÁGUA
FRUTAS 	As partes comestíveis da maioria das frutas, geralmente, contêm em torno de 80% de água. O teor das frutas secas é bem mais baixo; os damascos, por exemplo, só chegam a 30% de água e as passas de 15 a 18%.
GELEIAS E PASTAS 	O mel tem 18% de água, enquanto as geleias e doces de frutas, normalmente, contêm de 20 a 30%. A geleia dietética tem um teor de água maior; em torno de 75%. As compotas cremosas de frutas têm 29% de água.
AVES, CARNES E OVOS  	A maioria das carnes bem passadas contém de 40 a 50% de água; malpassadas e ao ponto, de 50 a 70%; salsichões e similares contêm aproximadamente 50%; salsicha tipo cachorro quente, 55%; e ovos contêm 74% de água.
HORTALIÇAS 	Alguns legumes, como o aipo e o pepino, chegam a ter 95% de água. O brócoli e o repolho contêm de 90 a 92% de água; as cenouras, 88%; e os tomates, 93%. Mesmo assada, uma batata ainda contém 75% de água

3ª) a água formada nos tecidos (água endógena) pela combustão de nutrientes energéticos. Uma dieta de 3.000 Calorias produzirá cerca de 350 ml de água.

Vias de eliminação

O organismo humano perde água pelas três seguintes vias:

1ª) pulmonar e cutânea;

2ª) digestiva;

3ª) renal.

a) Eliminação pelos pulmões

Fazendo um mínimo de exercícios, um adulto perde, por este meio ou esta via, mais ou menos 400 ml diários. Poderá ser eliminada maior quantidade de água se o indivíduo fizer exercícios, ou se escalar uma montanha, ou se empreender longas caminhadas, o que o levará a respirar mais profunda e frequentemente.

b) Eliminação pela pele

Como qualquer material embebido de água, a pele e as mucosas expostas perdem água, secam à temperatura ambiente; é a chamada perspiração insensível, que se calcula em cerca de 600 ml de água diariamente.

c) Eliminação pelos intestinos

É reduzida a quantidade excretada através das fezes, não ultrapassando a cifra de 100 ml diários em condições fisiológicas.

d) Eliminação pelos rins

É muito variável a quantidade de água excretada pelos rins, a qual depende do *quantum* ingerido e da quantidade eliminada através da pele e dos pulmões. Evidentemente, nos dias quentes, reduz-se a excreção urinária. Dentro de certos limites não há anúria por falta de ingestão de água. A eliminação por esta via é de mais ou menos 1.500 ml diários.

Quantidade necessária

A quantidade de água que o indivíduo bebe, diariamente, depende de fatores individuais e ambientais. Entre os primeiros, temos os hábitos e os costumes sociais, podendo ser acrescentado o tipo de atividade desenvolvida pela pessoa. Entre os segundos, salientam-se a temperatura ambiente e o grau de umidade do ar.

Os rins são os principais órgãos controladores da quantidade de água no corpo humano.

Ouve-se com frequência, entre nós, condenar-se o hábito de beber água às refeições, admitindo-se ser isso nocivo à boa digestão. Hawk, citado por Vieira & Michels (2004. p. 59), em longa pesquisa sobre os efeitos da água nos processos digestivos de indivíduos sadios, concluiu: "O indivíduo médio normal verificará que beber um volume razoável de água às refeições provocará a secreção dos sucos digestivos, melhorando a atividade enzimática, com isto melhorará a digestão e a absorção dos alimentos ingeridos, retardando o crescimento das bactérias intestinais e reduzindo a intensidade dos processos putrefativos".

O *Food and Nutrition Board* do *National Research Council* dos EUA (1958) fixou entre 2.300 e 3.100 ml diários a quantidade de água a ser ingerida por um indivíduo consumindo 3.200 Calorias. Neste caso, seria ingerido 1 ml de água por Caloria da dieta. A metade dessa água é ingerida com os alimentos; portanto, dos 3.200 ml, 1.600 ml são dos alimentos, restando a descoberto outros 1.600 ml.

Estes 1.600 ml de água necessários para a pessoa podem ser ingeridos sob a forma de sucos ou água pura.

Uma forma mais sofisticada seria a água mineral sem gás, pois, assim, além da água necessária, estaria ingerindo também alguns sais minerais indispensáveis ao bom funcionamento do organismo.

Fourre (SETTINERI, 1980. p. 122) determina que cada Caloria proveniente das proteínas da alimentação deve ser coberta por 7 ml de água. Com isso, afirma ele, diminuem os acidentes musculo-tendinosos (ruptura de miofibrilas) frequentes na prática desportiva.

Segundo Astrand (SETTINERI, 1980. p. 122), é agora geralmente reconhecido que as perdas de água devem ser restituídas perfeitamente à mesma velocidade que ela é perdida. Mais adiante, o mesmo autor completa: "Se o treinamento é intenso e especialmente se faz em clima quente, bastante fluido deve ser ingerido, principalmente na véspera do evento. Água de mais é melhor que água de menos, o rim elimina qualquer excesso, sendo necessário".

Não tem qualquer base fisiológica a afirmação de que se deva restringir o consumo de água no verão. Pelo contrário, beber mais água durante os períodos de maior calor é necessidade natural. Lembre-se o papel fundamental do suor no equilíbrio térmico do corpo humano, sendo a reação mais rápida na luta contra o calor. Além disso, a deficiência de água reduz a capacidade de trabalho muscular.

Qualidade da água

Em geral, os sistemas de abastecimento de água são seguros e controlados — mas isso não quer dizer que não ocorram problemas. De acordo com a Agência de Proteção Ambiental (EPA), um órgão norte-americano, de 500.000 a 1 milhão de pessoas são infectadas, anualmente, por alguma doença contraída por meio da água. Estudos recentes indicam que os números verdadeiros podem ser muito mais elevados, e que muitos dos casos de diarreia e infecção intestinal atribuídos a intoxicações alimentares ou outras causas se devem, na verdade, à água contaminada. Além disso, um número cada vez maior de funcionários da saúde pública vem alertando a população para o fato de que as águas de superfície estão se tornando, a cada dia, as águas mais poluídas por resíduos industriais, restos de fertilizantes, pesticidas e lixos químicos e nucleares.

No Brasil, as normas e o padrão de potabilidade da água são estabelecidos pelo Ministério da Saúde. Em caso de problemas, as secretarias de saúde estaduais e municipais devem alertar os consumidores para o fato de que a água pode não estar pura, e os funcionários públicos do município devem solucionar a questão imediatamente. O impacto criado por estes alertas elevou o grau de interesse da população pela água que consome, levando muitas pessoas a comprar produtos engarrafados como alternativa para a água encanada ou de cisternas.

Vários casos recentes de doenças adquiridas pela água intensificam a desconfiança da população quanto à água que jorra de suas torneiras. Essas doenças que, em geral, atacam o trato intestinal, são provocadas por diversos parasitas presentes nas fezes de pessoas e animais infectados. Desta forma, a água é tratada com cloro e outros agentes purificadores para eliminar esses e outros microrganismos. Apesar de a água contaminada ser responsável por alguns casos de doenças, muitas pessoas as contraem por meio de práticas pouco higiênicas, como não lavar as mãos depois de usar o banheiro e manusear comida em seguida. Mesmo quando as infecções são provenientes de água da torneira, a maioria das pessoas saudáveis as supera em pouco tempo. Mas essas mesmas doenças colocam em risco a vida das pessoas com baixa resistência imunológica — os muito jovens, os velhos, as pessoas com AIDS ou aquelas que tomam medicamentos que inibem o sistema imunológico. O uso de água fervida ou engarrafada minimiza qualquer risco de infecções transmitidas pela água.

a) Contaminação por chumbo

Uma das grandes preocupações da saúde pública é a presença de chumbo na água potável. Quando a água potável contém níveis perigosamente elevados de chumbo, ela pode provocar sérios danos aos nervos, ao cérebro, aos rins e a outros órgãos. Uma das razões mais comuns para a contaminação é a corrosão de antigos canos e sistemas de encanamento. As casas antigas possuem canos de chumbo ou soldas no encanamento, o que torna indispensável a análise da água.

Deve-se usar a torneira de água fria para toda a água consumida diretamente, seja para beber ou para cozinhar (a água quente carreia mais chumbo do que a água fria). Toda vez que a torneira ficar fechada por algumas horas, ao abri-la, deve-se deixar a água correr até esfriar. Como um menor grau de dureza da água facilita o transporte de mais chumbo, devem ser usadas substâncias amaciantes somente na tubulação de água quente. Além disso, é recomendável a instalação de um sistema de filtragem da água.

2.2. — Sais minerais ou elementos minerais

Conceito

Os sais minerais não fornecem energia como as proteínas, os glicídios e as gorduras, mas são necessários para a harmonia orgânica. É impossível se conceber um ser vivo sem eles. As funções dos sais minerais são tão importantes, observou Shohl, que se pode afirmar: eles controlam a própria vida.

O organismo humano contém 32 elementos minerais, incluindo o carbono, o hidrogênio, o oxigênio e o nitrogênio. Excetuando-se estes 4 elementos, dos 28 restantes, 14 são essenciais à vida, 60 a 80 % dos quais são representados pelo enxofre, cálcio, magnésio, fósforo, sódio e cloro. Os outros são o ferro, o cobre, o cobalto, o manganês, o zinco, o molibdênio e o iodo, que são chamados elementos traços, em razão de sua reduzida quantidade em organismo.

O organismo do ser humano retira dos alimentos os elementos minerais que entram em sua composição.

Os minerais se encontram em equilíbrio no organismo, devendo manter relações proporcionais entre si, pois suas funções não são independentes e a carência ou excesso de um deles pode afetar a função dos demais.

Os principais sais minerais

a) Ferro

O ferro é um dos constituintes da hemoglobina, matéria corante do sangue, assim como da mioglobina, um pigmento dos músculos.

O adulto possui de 3 a 5 gramas de ferro, assim distribuídos: 55% na hemoglobina, 10% na mioglobina e 35% armazenados, na medula óssea, rim, fígado e baço (COUTINHO, 1966, p. 207).

A ingestão deficiente em ferro leva à redução da hemoglobina e consequente anemia, com todas as suas consequências desagradáveis.

A absorção do ferro dos alimentos poderá ser prejudicada pela presença de grandes quantidades de fosfatos e de ácido fítico, formando sais insolúveis.

Fontes

São ricos em ferro: o fígado, a gema do ovo, o ovo integral, a carne magra ou meio gorda, o feijão, a soja, a lentilha, a ervilha verde ou seca, o farelo de trigo, a farinha de milho integral, a ameixa seca, as verduras verdes folhosas (o agrião, a alface, o brócoli, a chicória, a couve, a couve lombarda e o espinafre). Alguns alimentos que não foram demasiadamente beneficiados pela indústria, tais como o melado, o açúcar mascavo e a rapadura, também são ricos em ferro.

Conteúdo de ferro em alimentos selecionados*

Alimentos	mg
Cereais, cozidos, fortificados, 1 xícara	1, 6
Mariscos, cozidos, ¼ xícara	11,2
Cereais maltados, fortificados, 1 xícara	9,6
Bife frito de fígado, 90 g	5,3
Carne defumada de porco, 60 g	5,3

Alimentos	mg
Feijões cozidos, 1 xícara	5,0
Melaço escuro, 1 colher de sopa	5,0
Ostras cozidas, 30 g	3,8
Carne-assada de alce, 90 g	3,8
Batata assada, sem pele, 1	2,8
Sopas de lentilha e presunto, 1 xícara	2,6
Germe de trigo, cozido, ¼ xícara	2,5
Feijão mexicano, 1	2,5
Sopa de carne, 1 xícara	2,4
Arroz branco enriquecido, 1 xícara	2,3
Espaguete ao molho de tomate, 1 xícara	2,3
Torta de milho, fortificada, 1	2,2
Carne magra, 90 g	1,8
Damascos secos, 10	1,7
Abóbora enlatada, ½ xícara	1,7
Farinha de aveia não enriquecida, 1 xícara	1,6
Espinafre fresco, 1 xícara	1,5
Espinafre congelado, cozido, ½ xícara	1,5
Cacau em pó, 2 colheres de sopa	1,5
Amêndoas, secas e tostadas, ¼ xícara	1,3
Ervilhas congeladas, cozidas, ½ xícara	1,3
Pão de trigo integral, 1 fatia	1,2
Peito de galinha, assado, 1	0,9
Amendoins, assados, ¼ xícara	0,8
Costeleta de porco assada, 1	0,7
Brócoli fresco e cozido, ½ xícara	0,7
Ovo, 1	0,7
Aspargo fresco e cozido, ½ xícara	0,6
Amoras congeladas, ½ xícara	0,5
Vinho tinto, ½ xícara	0,5
Framboesas frescas, ½ xícara	0,4
Kiwi, fruta, 1	0,3
Queijo "cheddar", 30 g	0,2
Leite, 2% de gordura, 1 xícara	0,1

* USDA: Composition of Foods. USDA Handbook n. 8 Series. Washington, DC, ARS, USDA, 1976-1986.

Durante o cozimento, perdem-se mais ou menos 50% do ferro dos alimentos de origem vegetal, o que mostra serem os alimentos de origem animal melhores fontes de ferro (COUTINHO, 1966. p. 212).

b) Cálcio e fósforo

O cálcio e o fósforo são os minerais mais abundantes no organismo humano, sendo que 90% do cálcio orgânico e 75% do fósforo no organismo se encontram fazendo parte da constituição dos ossos e dos dentes.

A principal função do cálcio é a formação da estrutura dos ossos e dentes, possuindo papel importante na coagulação sanguínea, no funcionamento do tecido nervoso, na contração muscular e nas funções cardíacas.

O fósforo, além de participar na formação do esqueleto, é constituinte essencial de todas as células do organismo humano, participando ativamente como componente de vários sistemas enzimáticos.

A carência de cálcio pode provocar o raquitismo nas crianças e a osteomalacia nos adultos.

Com relação ao fósforo, ainda não se comprovou a sua deficiência no organismo.

Fontes

Cálcio

O cálcio é fornecido pelo leite, queijos e coalhadas. Constituem ainda fontes riquíssimas de cálcio os peixes miúdos, que são comidos fritos com as espinhas; as sardinhas enlatadas também são comidas com as espinhas; a farinha de casca de ovo, que se obtém por processo caseiro, torrando ligeiramente a casca do ovo e passando a seguir no moedor ou liquidificador, é uma das fontes mais importantes e mais baratas de cálcio. Os vegetais e demais alimentos apresentam cálcio em menor quantidade e sob a forma mais difícil de ser utilizada.

Fósforo

O fósforo existe abundantemente nos cereais e nas carnes. Não se tem nenhuma dificuldade em obter as quantidades necessárias deste mineral na ração diária.

c) Iodo

O iodo é essencial para o funcionamento normal da glândula tireoide, pois faz parte dos hormônios (tiroxina e triodotironina) por esta secretados, os quais desempenham importante papel na regulação da atividade metabólica do organismo.

A deficiência de iodo na alimentação leva ao bócio endêmico, sério problema de saúde pública em várias regiões do país. Neste caso, há necessidade do consumo de sal iodetado para a sua preservação.

Fontes

São boas fontes de iodo os produtos do mar, como lula, polvo, marisco, caranguejo, siri, camarão, algas e peixes de água doce.

Nos vegetais e na água, a quantidade de iodo dependerá diretamente da sua concentração no solo, sendo maior nos vegetais cultivados na orla marítima.

d) Flúor

O flúor é constituinte normal dos ossos e dentes; assume grande importância como fator preventivo da cárie dental.

Fontes

Apesar de ser variável a concentração de flúor de região para região, o melhor modo de se obter esse mineral é a fluoretação das águas de abastecimento das comunidades.

Os demais minerais sempre estão presentes numa alimentação racional, em quantidades suficientes para cobrir as necessidades orgânicas diárias.

2.3. — Vitaminas

Conceito

As vitaminas são substâncias orgânicas não sintetizadas pelo organismo humano, cuja ausência provoca quadros mórbidos, caracterizados por doenças carenciais, também chamadas de avitaminoses.

As vitaminas são atuantes em quantidades extremamente pequenas.

Os alimentos contêm vitaminas em quantidades variáveis, o que faz com que a pessoa utilize uma alimentação mista e variada no intuito de garantir o aporte destas em teor suficiente para a conservação da saúde e a normalidade dos fenômenos vitais do crescimento e do desenvolvimento.

Classificação

Em função da solubilidade, as vitaminas são classificadas em hidrossolúveis (solúveis em água) e lipossolúveis (solúveis em gorduras ou solventes de gorduras).

As vitaminas hidrossolúveis são as do Complexo B (B_1 — Tiamina; B_2 — Riboflavina; B_6 — Piridoxina; B_{12} — Cianocobalamina; PP — Ácido Nicotínico — Nicotinamida e as não classificadas (Biotina e Ácido Fólico) e a Vitamina C (Ácido Ascórbico).

No grupo das vitaminas lipossolúveis encontram-se as seguintes: vitaminas A, D, E e K.

É interessante conhecer a classificação das vitaminas quando se menciona a técnica de preparo de alimentos, pois as vitaminas hidrossolúveis, que em geral estão presentes nas carnes e nos vegetais, passam facilmente à água de cocção destes alimentos. Jogando-se fora o caldo de cocção, está-se desperdiçando grande parte do conteúdo vitamínico dos alimentos referidos, o que significará desperdício do valor nutritivo dos alimentos em questão.

Vitaminas hidrossolúveis

Vitaminas do Complexo B

Estas vitaminas se encontram, geralmente, nos mesmos alimentos, razão pela qual, por muito tempo, imaginou-se que se tratasse de uma única vitamina. É por este mesmo motivo que se torna raro encontrar quadros de carência de uma única vitamina do complexo, sendo mais comum a manifestação global de carência do complexo B.

a) Vitamina B_1 (Tiamina)

A vitamina B_1 é absorvida no intestino delgado e, praticamente, não se armazena no organismo, devendo estar sempre presente na alimentação diária. O excesso desta vitamina é eliminado pela urina. É sensível ao calor e à oxidação.

Funções: interfere diretamente no metabolismo dos glicídios, fazendo parte da enzima essencial para a degradação da glicose e produção de energia.

A carência desta vitamina causa, no princípio, sintomas leves, como apatia, anorexia, náuseas, irritabilidade e fadiga.

Nos casos avançados de carência pode ocorrer o beribéri.

Fontes: as fontes são de origem animal e vegetal.

As fontes de origem animal são: carne de porco, presunto, carne seca de gado, fígado, caranguejo e ostra.

As fontes de origem vegetal são: cereais integrais (a vitamina B_1 se encontra nas camadas externas do cereal, principalmente no germe. A refinação do cereal diminui o seu valor nutritivo, porque elimina, por esse processo, as partes mais ricas na referida vitamina), leguminosas, hortaliças de folhas verdes e levedura de cerveja.

b) Vitamina B_2 (Riboflavina)

A vitamina B_2 é absorvida no intestino delgado e armazenada em pequena quantidade no organismo humano. É necessária para o metabolismo normal das proteínas, das gorduras e dos glicídios. Quando ingerida em excesso, é eliminada pela urina.

Carência: a carência desta vitamina manifesta-se por lesões na língua, lábios (perleche ou boqueiras), nariz (dermatite seborreica da asa do nariz) e olhos (ardor, fadiga ocular e terçóis repetidos).

Fontes: as fontes da vitamina B_2 são de origem animal e vegetal.

Fontes de origem animal: leite e derivados, carne (em especial fígado) e ovos.

Fontes de origem vegetal: hortaliças de folhas verdes, leguminosas e cereais integrais.

c) Vitamina B_6 (Piridoxina)

A vitamina B_6 é um composto hidrossolúvel, branco, cristalino, bastante estável à ação do calor e sensível à luz ultravioleta e oxidação. Existem três compostos relacionados com atividade vitamínica B_6: piridoxina, piridoxamina e piridoxal, os quais são intercambiáveis durante os processos metabólicos normais, sendo que a forma biologicamente ativa é o piridoxal.

Funções: a vitamina B_6 tem ação coenzimática sob a forma de 5-fosfato de piridoxal em uma série de sistemas enzimáticos essenciais para o metabolismo normal de aminoácidos e está, também, intimamente envolvida no metabolismo dos glicídios.

Fontes: os alimentos mais ricos em vitamina B_6 são o fígado, o peixe, as carnes em geral, as leguminosas, os cereais integrais e as verduras frescas.

d) Vitamina B_{12} (Cianocobalamina)

A vitamina B_{12} é um fator antipernicioso, sendo que pequeníssimas quantidades curam a anemia perniciosa no homem.

Esta vitamina está sendo utilizada com bons resultados no tratamento de várias neuropatias e nevralgias, como a nevralgia do trigêmeo, a do diabético e outros casos de síndromes dolorosas de etiologia obscura.

Funções: a vitamina B_{12} está ligada ao metabolismo das proteínas, das gorduras e dos glicídios.

Fontes: a vitamina B_{12} encontra-se principalmente (afirmam alguns autores, especialmente Coutinho) nos alimentos de origem animal, tais como: fígado, rim, carne de vaca e leite.

As bactérias e mofos são capazes de a sintetizar sozinhos e são provavelmente as únicas fontes originais desta vitamina (COUTINHO, 1966. p. 375).

e) Fator PP (Ácido Nicotínico — Nicotinamida ou Niacina)

O Fator PP (Preventivo da Pelagra) pode ser sintetizado no organismo humano a partir do aminoácido essencial triptofano. A importância dessa vitamina está enfatizada no fato de fazer parte da estrutura do NAD (nicotinamida — adenina — dinucleotídeo), que tem papel importante na cadeia respiratória e serve de coenzima em várias reações do metabolismo dos glicídios (SETTINERI, 1980. p. 39).

A deficiência alimentar desta vitamina, levando à carência, traduz-se pela pelagra, que se caracteriza por pele avermelhada e áspera, língua vermelha e lisa, ardor na boca, estomatite, diarreia e alterações mentais. Esta enfermidade se caracteriza, então, por 3 sintomas iniciados com a letra *d* (dermatite, diarreia e demência).

A pelagra é moléstia carencial frequente em países onde o milho constitui a base da alimentação, o qual, além do baixo conteúdo em Fator PP, apresenta quantidades limitadas de triptofano, que poderia servir como fonte da vitamina.

Fontes: são fontes do Fator PP: fígado, carnes em geral (aves e peixes, inclusive), leguminosas e cereais integrais. O leite e os ovos, apesar de pobres nesta vitamina, são também considerados fontes, pelo alto conteúdo em triptofano.

f) Biotina

Como outras vitaminas do complexo B, a biotina atua como coenzima em diferentes sistemas enzimáticos. É estável à ação do calor e lábil a agentes oxidantes, ácidos fortes e álcalis.

A biotina combina-se com a avidina, uma glicoproteína encontrada na clara crua do ovo para formar um complexo estável que não se quebra por digestão proteolítica. Quando a biotina está combinada desta forma, não pode ser absorvida e não está disponível do ponto de vista alimentar.

Do exposto pode-se afirmar que a carência de biotina só aparecerá em pessoas que se alimentarem à base de ovos crus e por longo tempo.

Fontes: o fígado, o leite e o melado são ricos em biotina. Boas fontes são os peixes. A carne e as verduras possuem quantidades apreciáveis da vitamina.

g) Ácido Fólico

O ácido fólico ou ácido pteroilglutâmico é o fator extrínseco necessário à hematopoiese.

O ácido fólico e a vitamina B_{12} têm ação sinérgica.

A carência deste ácido leva à anemia megaloblástica, à glossite e a transtornos gastrointestinais.

Fontes: os melhores fornecedores de ácido fólico são: o levedo, o fígado, o aspargo, algumas verduras folhosas (brócoli, alface, chicória e espinafre), a maioria das frutas, os cereais integrais e a carne de vaca.

h) Vitamina C (Ácido Ascórbico)

A vitamina C é absorvida no intestino delgado, sendo levada aos tecidos através da corrente sanguínea. O excesso é eliminado pela urina.

O organismo humano consegue armazená-la nos tecidos, mas, para ser mantida esta reserva, o indivíduo deve ingerir alimentos ricos em vitamina C diariamente.

A vitamina C é a menos estável das vitaminas, perdendo-se facilmente pelo calor, oxidação, armazenamento e pelo uso de conservantes alcalinos, isto é, substâncias básicas.

Reduzem o teor de vitamina C dos vegetais: a maturação excessiva, o armazenamento à temperatura ambiente por longo tempo, o fracionamento (corte em pedaços) no seu preparo, a cocção demorada em grande quantidade de água e a adição de carbonatos.

A carência prolongada de vitamina C predispõe às manifestações de escorbuto.

Funções: a vitamina C é essencial para a manutenção da integridade capilar e dos tecidos; ela atua na formação dos dentes, ossos e no metabolismo de alguns aminoácidos; facilita a absorção de ferro; aumenta a resistência às infecções; favorece a cicatrização de feridas, queimaduras e união dos ossos em caso de fraturas.

Fontes: as frutas e as verduras cruas são as melhores fontes de vitamina C. Dentre as frutas, tem-se: as frutas cítricas (laranja, limão, tangerina e mexerica), a goiaba, o caju, a acerola, a manga, o mamão, o morango e a carambola. Das verduras, destacam-se o tomate, o pimentão verde, o brócoli, o espinafre e a couve-lombarda.

Teor de vitamina C em alimentos selecionados*

Alimentos	Quantidade	(mg)
Kiwi	1	74
Brócoli		
fresco	1 talo inteiro	141
congelado	½ xícara	37
Couve-de-bruxelas congelada	½ xícara	36
Melão	½ melão (cerca de 13 cm de diâmetro)	113
Couve-manteiga (cozida)	½ xícara	72
Pimentão		
doce	1	95
vermelho picante (cru)	½ xícara	109
Laranja	1 (6,5 cm de diâmetro)	70
Suco de laranja		
fresco	½ xícara	62
congelado diluído	½ xícara	49
enlatado	½ xícara	36

Alimentos	Quantidade	(mg)
Couve cozida	½ xícara	27
Nabo verde cozido	½ xícara	20
Morangos	½ xícara	42
Suco de pomelo		
enlatado, não adoçado	½ xícara	36
Tomates		
frescos	1 (7,5 cm de diâmetro)	22**
enlatados	½ xícara	18
suco	½ xícara	22
Manga	1	57
Papaia	½ xícara (cubos de 1 cm)	46
Limão	1 (6,5 de diâmetro)	31
Pomelo	½	41
Couve-flor cozida	½ xícara	35
Mostarda	½ xícara	18
Batata		
assada, descascada depois	1 média	26
cozida, descascada	1 média	18
descascada, cozida depois	1 média	10
purê	½ xícara	7
frita	10	5
chips	10	8
Melancia	1 fatia (10 cm x 20 cm em cunha)	46
Batata-doce assada ou cozida	1 média	28
Espinafre		
fresco	½ xícara	8
congelado	½ xícara	16
enlatado	½ xícara	3
Repolho		
cozido	½ xícara	18
cru	½ xícara	17
Tangerina	1 (6 cm de diâmetro)	26
Quiabo, cozido	8 vagens de 7,5 cm	14

* Retirado de USDA, HNIS: Nutrition Value of Foods. Home and Garden Bulletin n. 72, 1986.
** O conteúdo de vitamina C depende do tipo de cultivo, colheita e estação do ano.

Vitaminas lipossolúveis

a) Vitamina A

A vitamina A é também conhecida como a vitamina da visão, pois, quando o organismo está em falta dela, aparecem as dificuldades de enxergar no crepúsculo e em ambientes pouco iluminados (Hemeralopia ou Nictalopia).

A pessoa com deficiência de vitamina A demora a adaptar-se ao ambiente escuro, o que permitiu o estabelecimento de testes de adaptação ao escuro para se medir o grau de deficiência desta vitamina.

A carência de vitamina A determina, também, a secura dos cabelos, que se descoloram e se bifurcam nas pontas. As unhas enchem-se de estrias e as mucosas são sede de infecções frequentes.

Fontes: a vitamina A existe abundantemente nos vegetais verdes e amarelos, onde se encontra sob a forma de provitamina, que, absorvida, será transformada, no fígado, em vitamina A definitiva. Existe já sob a forma de vitamina A em alguns produtos animais.

a) Fontes de origem animal: fígado, rim, gema de ovo, creme de leite, manteiga, queijo, derivados do leite integral, ovas de peixe e óleos de fígado de peixe (atum — bacalhau) constituem as principais fontes alimentares de vitamina A propriamente dita.

b) Fontes de origem vegetal: frutas (abricó-do-pará, caju, pêssego, caqui, tangerina, manga e mamão); legumes (cenoura, pimentão, batata-doce a abóbora) e verduras (acelga, brócoli, couve, agrião, espinafre, chicória, folhas de beterraba e de alfafa).

Conteúdo de vitamina A de alguns alimentos*

Alimentos	IU**
Fígado, bife 90 g	43.900
Batata-doce cozida, 1 pequena	8.100
Cenouras cruas, 1	11.000
Espinafre cozido, ½ xícara	7.300
Damascos secos	5.500
Abóbora em conserva, ½ xícara	4.200
Melão, ¼ (tipo cantalupe)	3.400
Brócoli, 1 talo	2.500
Caranguejo	2.170
Pêssego, 1 médio	1.330
Linguado	850
Gema de ovo, 1	580
Leite, integral, 1 xícara	370
Queijo Cheddar, 30 g	370
Laranja, 1 média	300
Manteiga, 1 colher	165
Margarina fortificada, 1 colher	165
Maçã, 1 média	140
Amendoins crus	16

* Vitamina A pré-formada e formas de caroteno.
Retirado de USDA: Composition of Foods. Handbook n. 8 Series. Washington, DC, ARS, USDA, 1976-1986.
** IU = Unidade Internacional

Um ponto que não deve ser esquecido e que já foi comentado é que a vitamina A só se dissolve nas gorduras. Todas as dietas pobres em gorduras, embora contenham todos os alimentos citados, acabam por determinar carência de vitamina A por falta de absorção.

Outra observação que deve ser comentada é a do caso de ingestão excessiva desta vitamina (tratamento com doses elevadas e por muito tempo) levando a quadros de hipervitaminose.

b) Vitamina D (Calciferol)

A vitamina D é essencial para a formação da estrutura óssea. A sua absorção pelo intestino depende de condições favoráveis à absorção de gorduras, devido às características de lipossolubilidade.

A vitamina D absorvida pelo intestino ou formada na pele do homem armazena-se no fígado e em menores quantidades na pele, no cérebro, no baço e nos ossos.

Funções: a vitamina D promove a absorção do cálcio e do fósforo no intestino delgado, participando ativamente da formação das estruturas ósseas.

A sua carência prejudica a perfeita mineralização do esqueleto, levando ao raquitismo nas crianças e à osteomalacia em adultos.

Fontes: para o organismo humano, a principal fonte de vitamina D se encontra na provitamina existente na pele, pois a dieta da maioria das populações que vivem nos climas tropical e temperado — mesmo quando nutricionalmente adequada — é deficiente nesta vitamina.

O fígado de vitela, o de vaca e o de porco são ricos em vitamina D, assim como a gema do ovo.

As fontes por excelência da vitamina D são os óleos de fígado de peixe. Até há pouco tempo, o óleo de fígado de bacalhau era usado como a melhor fonte da vitamina D.

Como a vitamina D se forma na pele, sob a irradiação solar, não se esquecer de que a exposição ao sol é importante para certos grupos humanos (crianças, freiras, vigias noturnos, presos e soldados aquartelados).

c) Vitamina E

É a vitamina da fertilidade, pois a sua carência leva à esterilidade no macho e induz o aborto nas fêmeas.

Quimicamente a vitamina E é formada por 3 substâncias: o alfa, o beta e o gama-tocoferol. Apresenta-se como um azeite de cor amarelo acastanhado. Resiste muito ao calor, à luz e ao ar. Não se altera às temperaturas habituais de cozimento.

Fontes: as melhores fontes de vitamina E são as verduras folhosas e certos óleos de sementes de vegetais, salientando-se, dentre as verduras: a alface, o espinafre e o agrião, e dentre os óleos de sementes de vegetais: óleo de germe de trigo, óleo de semente de algodão, óleo de milho e óleo de semente de girassol.

O ovo é rico em vitamina E.

Deve-se salientar que a dieta usada no país, se a alimentação for racional, fornece a quantidade suficiente de vitamina E para as necessidades da pessoa.

d) Vitamina K

A designação de vitamina K vem de "Koagulation-Vitamin", nome dado por Henrik Dam, que a isolou e reconheceu sua ação sobre a coagulação sanguínea.

A vitamina K apresenta-se em duas formas ativas, a filoquinona e a menadiona, apresentando esta última atividade superior.

Funções: a vitamina K é essencial no mecanismo da coagulação sanguínea, pois é necessária para a formação da protrombina no fígado.

A carência desta vitamina reduz a capacidade de coagulação sanguínea, aumentando a tendência às hemorragias.

O uso prolongado de antibióticos, também, pode provocar diminuição no aporte desta vitamina, por esterilizar o trato intestinal, destruindo os microrganismos responsáveis por sua produção.

Fontes: a síntese de vitamina K pela flora bacteriana intestinal constitui a principal fonte desta vitamina. Dentre os alimentos, destacam-se: as hortaliças folhosas verdes e o fígado.

As folhas externas da couve são mais verdes e possuem mais vitamina K do que as internas. Esta assertiva é válida para todas as hortaliças.

Ao término destes conteúdos sobre as vitaminas, procura-se enfocar alguns aspectos de real importância para todos.

O primeiro aspecto é o relacionado com os fatores que influem sobre a utilização das vitaminas e relacionados por Settineri (1980. p. 33), que são:

1) cocção — o aquecimento feito por ocasião do preparo dos alimentos faz com que algumas delas se decomponham, perdendo suas propriedades vitamínicas. Este fato ocorre, por exemplo, com as vitaminas B_1 e C.

2) solubilidade — as vitaminas lipossolúveis somente podem ser aproveitadas quando se utilizam gorduras como solventes, fato que permite sua absorção ao nível do intestino.

3) antivitaminas — a presença de certas substâncias, com ação contrária à das vitaminas e que as substituem no sistema enzimático, perturba sua ação normal. Assim, a dicumarina atua no sistema enzimático no lugar em que deveria atuar a vitamina K, bloqueando, dessa forma, a ação vitamínica.

O segundo aspecto está relacionado com o tempo de carência, que varia de vitamina para vitamina. Pode-se exemplificar, ressaltando que para a vitamina C há necessidade de 4 a 16 semanas de carência para que sua taxa diminua no soro; para a vitamina B_{12}, a privação requerida é de 6 a 7 anos; e, para a vitamina A, há necessidade de uma carência de 10 a 12 meses para aparecerem sintomas carenciais.

O terceiro aspecto está arrolado às quantidades necessárias de vitaminas, que são mínimas e praticamente satisfeitas com alimentação racional bem orientada.

PARTE 5 — CÁLCULO DE UMA DIETA

No planejamento de uma dieta, segue-se a orientação de Mello (1956), colocando a razão e o instinto no mesmo plano.

1 — Definição de termos

a) Regime Alimentar ou Dieta é o conjunto de alimentos utilizados com finalidades nutritivas por um indivíduo ou por uma coletividade (COSTA, 1947. p. 546).

b) Regime Dietético é aquele prescrito para uma pessoa sadia.

c) Regime Dietoterápico é aquele prescrito para uma pessoa doente.

d) Regimes Especiais são os usados em circunstâncias especiais, por exemplo, o de diabéticos.

e) Valor Calórico Total — VCT — é a necessidade calórica decorrente da exigência de se repor no organismo o calor que este produz e perde (RIBEIRO; BOTELHO, 1951. p. 398).

f) Valor Plástico é o expresso pela quantidade de proteínas, sais minerais e água.

g) Correlações Dietéticas são as proporções exigidas entre os componentes da dieta.

2 — Quantidades diárias recomendadas de nutrientes — Revisão de 1989

As recomendações energéticas para as diferentes faixas etárias foram revisadas em 1989 pelo Conselho Nacional de Pesquisa da Academia Nacional de Ciências dos Estados Unidos da América do Norte, que são adotadas em nosso meio com ressalvas relacionadas com os hábitos locais de cada região do país, sendo encontradas na Tabela 3. No caso do adulto, estas recomendações são feitas àqueles com atividade laboral de leve a moderada, pois nas atividades fortes ou muito fortes e pesadas, bem como nas atividades físicas específicas, há necessidade de serem acrescentadas as Calorias necessárias para cada tipo de atividade desenvolvida.

3 — Cálculo da dieta

a — Material Necessário

Para se calcular uma dieta, deve-se possuir os seguintes instrumentos de trabalho:

a) ficha alimentar;

b) tabela de composição química dos alimentos;

c) máquina de calcular;

d) régua;

e) lápis;

f) borracha.

Além deste instrumental, necessita-se de uma boa dose de paciência para desenvolver a tarefa, bem como noções básicas de fisiologia da nutrição.

a) A ficha alimentar (Tabela 4) deve conter itens como: local para anotar os alimentos ingeridos ou a serem ingeridos; fator de correção ou percentagem de desperdício dos alimentos; fornecimento *per capita* em gramas ou medidas caseiras; quantidade de proteínas, de gorduras, de glicídios, de sais minerais (cálcio, fósforo, ferro, flúor, iodo, etc.), de vitaminas e de resíduos. Esta ficha alimentar é utilizada quando do planejamento de refeições para uma coletividade, pois a aquisição dos alimentos será feita em grandes quantidades e, neste caso, há necessidade da utilização da tabela de percentagem de desperdício na manipulação (Tabela 5).

No caso de calcular-se uma dieta já realizada, a melhor conduta é submeter a pessoa a um inquérito alimentar individual (Tabelas 6-A; 6-B; 6-C; 6-D e 6-E), que, para maior segurança, deverá ser realizado por um espaço de tempo de no mínimo 7 (sete) dias.

TABELA 3 — RECOMENDAÇÕES NUTRICIONAIS [a,b]
Destinado para a manutenção da boa nutrição de todas as pessoas praticamente saudáveis nos EUA

Categoria	Idade (anos) ou condição	Peso[c] (kg)	Peso[c] (lb)[h]	Altura[c] (cm)	Altura[c] (in)[i]	Proteína (g)	Vitaminas Lipossolúveis				Vitaminas hidrossolúveis							Minerais					
							Vitamina A (μgRE)[d]	Vitamina D (μg)[e]	Vitamina E (mg μ-TE)[f]	Vitamina K (μg)	Vitamina C (mg)	Tiamina (mg)	Riboflavina (mg)	Niacina (mg NE)[g]	Vitamina B$_6$ (mg)	Folato (μg)	Vitamina B$_{12}$ (μg)	Cálcio (mg)	Fósforo (mg)	Magnésio (mg)	Ferro (mg)	Zinco (mg)	Iodo (μg)	Selênio (μg)
Lactentes	0,0 – 0,5	6	13	60	24	13	375	7,5	3	5	30	0,3	0,4	5	0,3	25	0,3	400	300	40	6	5	40	10
	0,5 – 1,0	9	20	71	28	14	375	10	4	10	35	0,4	0,5	6	0,6	35	0,5	600	500	60	10	5	50	15
Crianças	1 – 3	13	29	90	35	16	400	10	6	15	40	0,7	0,8	9	1,0	50	0,7	800	800	80	10	10	70	20
	4 – 6	20	44	112	44	24	500	10	7	20	45	0,9	1,1	12	1,1	75	1,0	800	800	120	10	10	90	20
	7 – 10	28	62	132	52	28	700	10	7	30	45	1,0	1,2	13	1,4	100	1,4	800	800	170	10	10	120	30
Homens	11 – 14	45	99	157	62	45	1.000	10	10	45	50	1,3	1,5	17	1,7	150	2,0	1.200	1.200	270	12	15	150	40
	15 – 18	66	145	176	69	59	1.000	10	10	65	60	1,5	1,8	20	2,0	200	2,0	1.200	1.200	400	12	15	150	50
	19 – 24	72	160	177	70	58	1.000	10	10	70	60	1,5	1,7	19	2,0	200	2,0	1.200	1.200	350	10	15	150	70
	25 – 50	79	174	176	70	63	1.000	5	10	80	60	1,5	1,7	19	2,0	200	2,0	800	800	350	10	15	150	70
	51+	77	170	173	68	63	1.000	5	10	80	60	1,2	1,4	15	2,0	200	2,0	800	800	350	10	15	150	70
Mulheres	11 – 14	46	101	157	62	46	800	10	8	45	50	1,1	1,3	15	1,4	150	2,0	1.200	1.200	280	15	12	150	45
	15 – 18	55	120	163	64	44	800	10	8	55	60	1,1	1,3	15	1,5	150	2,0	1.200	1.200	300	15	12	150	50
	19 – 24	58	128	164	65	46	800	10	8	60	60	1,1	1,3	15	1,6	150	2,0	1.200	1.200	280	15	12	150	55
	25 – 50	63	138	163	64	50	800	5	8	65	60	1,1	1,3	15	1,6	150	2,0	800	800	280	15	12	150	55
	51+	65	143	160	63	50	800	5	8	65	60	1,0	1,2	13	1,6	150	2,0	800	800	280	10	12	150	55
Gestantes						60	800	10	10	65	70	1,5	1,6	17	2,2	400	2,2	1.200	1.200	320	30	15	175	65
Lactação	1ºs 6 meses					65	1.300	10	12	65	95	1,6	1,8	20	2,1	250	2,6	1.200	1.200	355	15	19	200	75
	2ºs 6 meses					62	1.200	10	11	65	90	1,6	1,7	20	2,1	250	2,6	1.200	1.200	340	15	16	200	75

[a] A partir do Food and Nutrition Board, National Research Council, National Academy of Sciences: Recommended Dietary Allowances, 10. ed. Washington, DC, National Academy Press, 1989.
[b] Os aportes expressos como ingestão diária média ao longo do tempo destinam-se a abranger as variações individuais entre a maioria das pessoas normais, desde que vivam nos Estados Unidos, submetidas aos desgastes ambientais habituais. As dietas devem ser baseadas em uma variedade de alimentos comuns para fornecer outros nutrientes, para os quais as necessidades humanas não estão tão bem definidas.
[c] As alturas e pesos dos adultos de 19 anos de idade foram baseados em Hamill et al. (1979). A utilização destes dados não quer dizer que estas proporções entre peso e altura sejam ideais. As alturas e pesos abaixo de 19 anos de idade são médias reais para a população norte-americana de idade indicada, como descritas pelo National Health and Nutrition Examination Survey II. As alturas e pesos médios para indivíduos abaixo de 19 anos de idade foram baseadas em Hamill et al. (1979). A utilização destes dados não quer dizer que estas proporções entre peso e altura sejam ideais.
[d] RE = Equivalentes retinol; 1 equivalente retinol = 1μg de retinol ou 6 μg de β-caroteno.
[e] Como colecalciferol; 10 μg de colecalciferol = 400 IU de vitamina D.
[f] α-TE = Equivalentes de α-tocoferol; 1 mg d-α-tocoferol = 1 α-TE.
[g] NE = Equivalente de niacina; 1 NE = 1 mg de niacina ou 60 mg de triptofano na dieta.
[h] lb = Libra; 1 lb = 453,59 g.
[i] in = Polegada; 1 in = 2,54 cm.

TABELA 4 — FICHA ALIMENTAR

ALIMENTO	Grama per capita	F.C.	Fornec. per capita	Calorias	Glicídios	Proteínas	Gorduras	Cálcio	Fósf.	Ferro

VALOR TOTAL   CALÓRICO = _____ CALORIAS

Proteínas _____ % _____ Cal _____ gramas
Gorduras _____ % _____ Cal _____ gramas
Glicídios _____ % _____ Cal _____ gramas

Secr. Rest.	Nutricionista

TABELA 5 — PERCENTAGEM DE DESPERDÍCIO NA MANIPULAÇÃO

Substância Alimentar	Desperdício — %
1 — Vegetais do Grupo "A"	
abobrinha	1.35
acelga	1.54
agrião	1.78
alface	1.44
aspargo	2.00
brócoli	2.12
couve	1.60
couve-flor	1.27
espinafre	1.78
pepino	1.42
repolho	1.72
tomate	1.20

Substância Alimentar	Desperdício — %
2 — Vegetais do Grupo "B"	
abóbora	1.64
berinjela	1.08
beterraba	1.61
cebola	1.03
cenoura	1.17
chuchu	1.47
ervilha fresca	2.12
pimentão	1.26
vagem	1.29
3 — Vegetais do Grupo "C"	
batata-inglesa	1.33
batata-doce	1.33
mandioca	1.39
milho-verde	2.63
4 — Frutas do Grupo "A"	
abacaxi	1.89
ameixa-preta	1.11
laranja	1.17
melancia	2.17
tangerina	1.30
5 — Frutas do Grupo "B"	
ameixa-branca	1.06
maçã	1.14
mamão	1.79
6 — Frutas do Grupo "C"	
abacate	1.68
banana	1.17
pinhão	1.25
uva-branca	1.21
uva-preta	1.33
7 — Cereais, Farinhas e Massas	1.04
8 — Leguminosas	
ervilha	1.03
feijão	1.03
lentilha	1.03
9 — Carnes em Geral	
ave	1.72
carneiro	1.23

Substância Alimentar	Desperdício — %
peixe	1.35
suíno	1.47
vaca	1.15
vitela	1.18
10 — Outros	
açúcar	1.03
fígado	1.07
leite	1.03
manteiga	1.03
pão	1.03
queijo	1.03
salsicha	1.04

TABELA 6-A — INQUÉRITO ALIMENTAR INDIVIDUAL

NOME: _____

PESO: _____   ALTURA: _____

DATA DE NASCIMENTO: ____/ ____/ ____

PROFISSÃO: _____

UTILIZE UMA FOLHA PARA CADA TIPO DE REFEIÇÃO

```
I    —   DESJEJUM (CAFÉ DA MANHÃ)
II   —   COLAÇÃO (MERENDA)
III  —   ALMOÇO
IV   —   LANCHE
V    —   JANTAR
VI   —   CEIA
VII  —   EXTRAS
```

DATA: ____/ ____/ ____

ASSINATURA: _____

TABELA 6-B — TIPO DE ALIMENTO

| TIPO DE ALIMENTO | QUANTIDADE EM GRAMAS OU MEDIDAS CASEIRAS |||||||
| | DIAS |||||||
	1º	2º	3º	4º	5º	6º	7º

TABELA 6-C — TIPO DE REFEIÇÃO

TIPO DE REFEIÇÃO: _____

| SUBSTÂNCIA ALIMENTAR | UNIDADE | CALORIAS | GLICÍDIOS GRAMAS | PROTEÍNAS || LIPÍDIOS GRAMAS |
				ANIMAIS	VEGETAIS	
TOTAIS						

TABELA 6-D — VCT DA DIETA

TIPO DE REFEIÇÃO	CALORIAS	GLICÍDIOS GRAMAS	PROTEÍNAS		LIPÍDIOS GRAMAS
			ANIMAIS	VEGETAIS	
I — DESJEJUM (CAFÉ DA MANHÃ)					
II — COLAÇÃO (MERENDA)					
III — ALMOÇO					
IV — LANCHE					
V — JANTAR					
VI — CEIA					
VII — EXTRAS					
TOTAL					

TABELA 6-E — VCT DA DIETA CONSOLIDADA

TIPO DE REFEIÇÃO	CALORIAS	GLICÍDIOS GRAMAS	PROTEÍNAS		LIPÍDIOS GRAMAS
			ANIMAIS	VEGETAIS	
I — DESJEJUM (CAFÉ DA MANHÃ)					
II — COLAÇÃO (MERENDA)					
III — ALMOÇO					
IV — LANCHE					
V — JANTAR					
VI — CEIA					
VII — EXTRAS					
TOTAL					

O levantamento feito durante 7 (sete) dias terá uma melhor representatividade, pois retratará as mais variadas situações da alimentação praticada durante uma semana, permitindo um cálculo mais real.

As Tabelas 6-A e 6-B são utilizadas para o inquérito alimentar individual e as Tabelas 6-C, 6-D e 6-E são usadas para a determinação do valor calórico total (VCT) da dieta analisada. O ideal é usar-se uma folha para cada refeição, sendo que o resultado final será a soma de todas as refeições do dia.

b) A Tabela de Composição Química dos Alimentos (Tabela 13) deve ser, preferencialmente, nacional. Quando não se contar com uma tabela nacional, melhor seria regional ou local, utilizar uma estrangeira, sendo que neste caso se deve tomar os devidos cuidados ao relatar os resultados, expressando esta ressalva (A Tabela 13 da Composição Química dos Alimentos está como ANEXO ESPECIAL).

c) A máquina de calcular, a régua, o lápis e a borracha são instrumentos auxiliares que muito trabalho poderão economizar. É óbvio que se necessitará de papel em abundância para complementar a tarefa. O profissional deverá estar imbuído de muita paciência para realizar o seu trabalho, pois é tarefa cansativa.

d) Determinação do VCT

Há muitos processos para este fim, mas serão apresentados dois neste livro, os quais estão bastante próximos da realidade brasileira e são de fácil manuseio.

1 — Método Usual

Normalmente, para clareza didática, este método consta das seguintes etapas:

Primeira etapa: determinação do Metabolismo Basal — MB.

Calcula-se o metabolismo basal do indivíduo pela determinação laboratorial ou pela predição dada pela Tabela 7, também chamada de Nomograma Alimentar. Quando se adotar esta segunda alternativa, far-se-á confronto entre o peso corporal em quilogramas e a altura individual em centímetros, obtendo-se desta maneira a superfície corporal em metros quadrados. Estes valores são facilmente encontrados em tabelas fartamente distribuídas. Pode-se usar o Nomograma Alimentar para calcular o VCT da Dieta, seguindo as instruções constantes da tabela. No caso presente, após a determinação da superfície corporal em m², usa-se a Tabela Padrão de AUB & DU BOIS, que é a Tabela 8, para facilitar o cálculo.

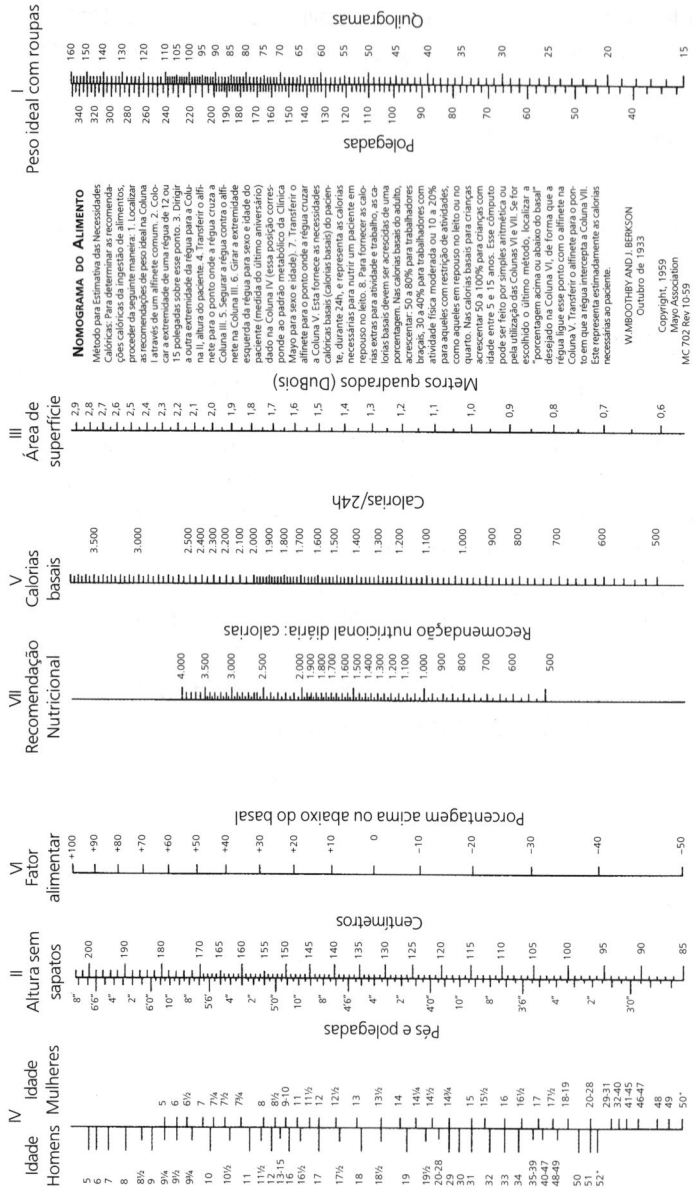

NOMOGRAMA DO ALIMENTO

Método para Estimativa das Necessidades Calóricas: Para determinar as recomendações calóricas da ingestão de alimentos, proceder da seguinte maneira: 1. Localizar as recomendações de peso ideal na Coluna I através de um alfinete em rosca. 2. Colocar a extremidade de uma régua de 12 ou 15 polegadas sobre esse ponto. 3. Dirigir a outra extremidade da régua para a Coluna II, altura do paciente. 4. Transferir o alfinete para o ponto onde a régua cruza a Coluna III. 5. Segurar a régua contra o alfinete na Coluna III. 6. Girar a extremidade esquerda da régua para sexo e idade do paciente (medida do último aniversário) dado na Coluna IV (essa posição corresponde ao padrão metabólico da Clínica Mayo para sexo e idade). 7. Transferir o alfinete para o ponto onde a régua cruzar a Coluna V. Esta fornece as necessidades calóricas basais (calorias basais) do paciente, durante 24h, e representa as calorias necessárias para nutrir um paciente em repouso no leito. 8. Para fornecer as calorias extras para atividade e trabalho, acrescentar 50 a 80% para trabalhadores braçais, 30 a 40% para atividade física moderada ou 10 a 20% para aqueles com restrição de atividades, como aqueles em repouso no leito ou no quarto. Nas calorias basais para crianças acrescente 50 a 100% para crianças com idade entre 5 e 15 anos. Esse cômputo pode ser feito por simples aritmética ou pela utilização das Colunas VI e VII. Se for escolhido o último método, localizar a "porcentagem acima ou abaixo do basal" desejada na Coluna VI, de forma que a régua ligue esse ponto com o alfinete na Coluna V. Transferir o alfinete para o ponto em que a régua intercepta a Coluna VII. Este representa estimadamente as calorias necessárias ao paciente.

W.M.BOOTHBY AND J BERKSON
Mayo Association
Outubro de 1933
Copyright, 1959
MC 702 Rev 10-59

Colocar o mapa sobre a mesa reta, sem depressões. Utilizar apenas uma régua com uma extremidade realmente reta. Não riscar o mapa, apenas indicar suas posições com a régua. Localizar os vários pontos com alfinetes diferentes. Localizar o peso normal do paciente na Coluna I e sua altura na Coluna II. A régua ligando esses dois pontos intercepta a Coluna III e fornece a área de superfície. Marcá-la com um alfinete. Localizar a idade e sexo do paciente no Coluna IV. A régua ligando esse ponto com o ponto já determinado da área de superfície do paciente cruza a terceira escala, de requerimento energético basal, à esquerda. Para encontrar as calorias adicionais para as atividades basais, procurar as porcentagens de aumentos fornecidas na Coluna IV. Isto pode ser determinado a partir das Tabelas 2.2 ou 2.3, ou adicionar de 50 a 80% para trabalhadores braçais, 30 a 40% para adultos com atividades moderadas, e 10 a 20% para aqueles com restrições de atividades. Para as calorias basais de crianças com idade entre 5 e 15 anos, deve-se adicionar 50 a 100%. Este ponto está marcado na Coluna VI, e onde a régua cruzar a coluna VII é o requerimento total de energia. (Modificado de Boothby WM and Sandiford RB: Nomographic charts for the calculation of the metabolic rate by the gasometer method. Boston Med Surg J 185:337, 1921 and Pemberton CM, Moxress KE, German MJ, et al. [eds.]: Mayo Clinic Diet Manual: A Handbook of Dietary Practices, 6ª ed. Philadelphia, BC Decker, 1988, p. 547. Com permissão da Mayo Foundation.)

Obtida a superfície corporal, ver-se-á qual é a despesa calórica de um indivíduo daquele sexo e daquela idade por metro quadrado de superfície corporal e por hora de atividade, segundo a Tabela de Padrões de Aub & Du Bois.

TABELA 8
PADRÃO DE AUB & DU BOIS
(Calorias por hora e por m² de superfície corporal)

IDADE	HOMEM	MULHER
10 anos	53	50
11 anos	52	49
12 anos	50	47
13 anos	48	45
15 a 16 anos	46	43
16 a 18 anos	43	40
18 a 20 anos	41	38
20 a 30 anos	39,5	37
30 a 40 anos	39,5	36,5
40 a 50 anos	38,5	36
50 a 60 anos	37,5	35
60 a 70 anos	36,5	34
70 anos e acima	35,5	33

A seguir, multiplicam-se as Calorias por hora de atividade pela superfície corporal e por vinte e quatro (1 dia de atividade), obtendo-se assim o gasto calórico diário (24 horas).

Resumindo: superfície corporal x despesa calórica por m² x 24 = Metabolismo Basal — MB.

Os autores brasileiros diminuem 15% do valor encontrado (COSTA, 1947. p. 555) para o Metabolismo Basal, pois admitem que esta é a redução para o Brasil.

Segunda etapa: gastos com atividades básicas ou adição de parcelas por cento.

Obtido o Metabolismo Basal, são acrescentadas as seguintes parcelas:

1ª) parcela relativa à Ação Dinâmico-Específica das Proteínas (ADEP), que corresponde a 10% do Metabolismo Basal em uma dieta mista;

2ª) parcela relativa às pequenas atividades (PA) realizadas nas oito (8) horas sem trabalho profissional, correspondendo a 30% do Metabolismo Basal;

3ª) parcela relativa à locomoção (LOC.) durante a vigília, que corresponde a 300 Calorias ou a mais ou menos 20% do Metabolismo Basal. Esta parcela é mais arbitrária do que técnica, pois dependerá de cada pessoa. Por meio da anamnese poderemos fixar dados mais consistentes.

Terceira etapa: gastos do trabalho profissional (GTP).

Escudero, citado por Costa (1947. p. 553), idealizou a classificação das diversas formas de trabalho profissional (TABELA 9), a qual continua em pleno uso. Pode-se utilizar as taxas de metabolismo por tipo de atividade do Quadro n. 3 da Norma Regulamentadora n. 15 — NR-15 do Ministério do Trabalho e Emprego (MTE), que, segundo o autor, não espelham com fidedignidade a realidade brasileira, mas servem como parâmetro.

TABELA 9

Classificação do Trabalho

TIPO DE TRABALHO	GASTO CALÓRICO P/ HORA
Trabalho leve	15 – 75 Kcal/h
Trabalho moderado	75 – 150 Kcal/h
Trabalho forte	150 – 300 Kcal/h
Trabalho muito forte	Acima de 300 Kcal/h

(*Apud* ESCUDERO)

Considera-se trabalho leve aquele que é executado em local abrigado com a pessoa sentada: o de microscopistas, escreventes, datilógrafos, trabalhos domésticos, etc.

Considera-se trabalho moderado aquele que se realiza em local abrigado, mas a pessoa encontra-se de pé: o de professores, porteiros, tipógrafos, vendedores, balconistas, etc.

Considera-se trabalho forte ou intenso aquele realizado, geralmente, ao ar livre e no qual há evidente trabalho muscular: o de lixeiros, vendedores ambulantes, jardineiros, peões, soldados aquartelados, etc.

Considera-se trabalho muito intenso ou pesado aquele realizado sob condições incômodas ou fatigantes: o de lavrador, foguista, mineiro, estivador, calceteiro, etc.

Depois de analisadas e calculadas as três etapas, chega-se ao Valor Calórico Total da Dieta (VCT), quando se somam os dados encontrados.

Este VCT é dado em Calorias líquidas, porém, para encontrar o VCT em Calorias brutas, há necessidade de acrescentar 10% ao valor fixado; desta maneira estarão sendo prevenidas as perdas prováveis durante o processo de digestão dos diferentes alimentos.

Exemplo:

Pessoa do sexo masculino, com 27 anos de idade, 65 Kg de peso corporal e 1,72 metros de altura, executando trabalho leve de oito (8) horas por dia:

Superfície corporal: 1,75 m²

Despesa calórica p/hora: 39,5 Kcal (Tabela 8)

Metabolismo basal = 1,75 x 39,5 x 24 = 1.659 Kcal - 15% = 1.410,0 Kcal

O Metabolismo Basal do exemplo é de 1.410,0 Calorias

Metabolismo Basal	= 1.410,0 Kcal
ADEP (10% do MB)	= 141,0 Kcal
PA (30% do MB)	= 423,0 Kcal
Locomoção	= 300,0 Kcal
Trabalho Profissional (55 x 8)	= 440,0 Kcal
Subtotal	2.714,0 Kcal
Perdas Prováveis (10%)	271,0 Kcal
Total	2.985,0 Kcal

No exemplo aqui desenvolvido, o Valor Calórico Total da Dieta (VCT) é de 2.985 Calorias.

VCT = 2.985 Calorias

2 — Método da FAO

A Organização para Alimentação e Agricultura dos Estados Unidos da América do Norte (FAO), por intermédio de seus técnicos e levando em consideração o peso individual, a idade individual, a temperatura média ambiente e as condições das necessidades prováveis de massas de populações humanas, estabeleceu a seguinte fórmula matemática para determinar as necessidades energéticas diárias, ou seja, o VCT da Dieta (COSTA; NETO. 1947). Este método é facilmente calculado no computador.

Para pessoas do sexo masculino:

$E = (1,1875 - 0,0075 \times I)(1,050 - (0,005 \times T))(815 + 36,6 \times P)$

Para pessoas do sexo feminino:

$E = (1,1875 - 0,0075 \times I)(1,050 - (0,005 \times T))(580 + 31,1 \times P)$

E = necessidades energéticas; I = idade em anos;

T = temperatura média ambiente e P = peso corporal em quilogramas.

Utilizando a mesma pessoa do primeiro método, a qual reside em localidade do sul do Brasil, onde a temperatura média ambiente é de 20,8°C, ter-se-á:

E ?; I = 27 anos; T = 20,8°C e P = 65Kg. Efetuando os cálculos necessários chegaremos ao seguinte resultado:

E = 0,9318 x 3194 = 2.976,2 Cal

No caso, o VCT da dieta será de 2.976 Calorias.

Como se pode observar, os métodos utilizados dão resultados finais bastante semelhantes, o que vem comprovar a correspondência entre ambos. Para o caso de pessoas do sexo feminino, o cálculo se desenvolve da mesma maneira.

A única dificuldade encontrada é com relação ao cálculo da temperatura média ambiente, que poderá ser obtida nos serviços de meteorologia.

e) Distribuição do Percentual Calórico da Dieta

Determinado o VCT, precisa-se distribuí-lo entre os nutrientes energéticos para encontrar as quantidades destes, ou seja:

a) 15% do VCT para Proteínas;

b) 25% do VCT para Gorduras; e

c) 60% do VCT para Glicídios.

Esta distribuição percentual é a mais próxima da realidade brasileira, embora para países desenvolvidos e de clima frio essa distribuição seja diferente, como se observam nos livros-texto compilados e relacionados na bibliografia.

As variações poderão, neste caso, ser as seguintes: proteínas de 11 a 18% do VCT; gorduras de 22 a 38% do VCT e glicídios de 50 a 60% do VCT.

As percentagens usadas não são fixas, pois muitas vezes haverá necessidade de acertos para se chegar ao VCT de cada pessoa. Para a dieta do exemplo relacionado, que é de 2.985 Calorias, ter-se-á:

proteínas – 15% = 447,8 Cal ÷ 4 = 111,9 gramas

gorduras   – 25% = 746,3 Cal ÷ 9 = 82,9 gramas

glicídios – 60% = 1.791,0 Cal ÷ 4 = 447,8 gramas

Neste caso, a dieta deve conter 112 gramas de proteínas, sendo 60% de origem animal e 40% de origem vegetal; 83 gramas de gorduras e 448 gramas de glicídios.

f) Escolha de Alimentos

A fase final do cálculo de uma dieta é a da escolha dos alimentos, os quais devem ser preferidos, conforme o seguinte critério:

1º) alimentos mais úteis do ponto de vista nutritivo;

2º) alimentos mais saborosos do ponto de vista individual;

3º) alimentos mais baratos e produzidos na localidade.

Quando se desejar variar os componentes da dieta para evitar a monotonia alimentar, pode-se utilizar os equivalentes nutritivos (Tabela 10), como abaixo:

TABELA 10 — EQUIVALENTES NUTRITIVOS

a) Alimentos ricos em glicídios	
Alimentos	Equivalente a 100 Calorias
Arroz cozido	3 colheres de sopa
Macarrão com molho	2 colheres de sopa cheias
Angu com molho	¼ de prato raso
Pão francês	1 pequeno
Pão com manteiga	½ pequeno
Biscoitos doces	2 a 3 unidades
Pão de forma	2 fatias
Trigo cozido em grão	2 colheres de sopa
Maisena	2 colheres de sopa
Bolo simples	1 fatia
b) Alimentos ricos em proteínas	
Alimentos	Equivalente a 100 Calorias
Bife grelhado	1 bife médio
Carne-assada	1 fatia média
Carne cozida	1 xícara de chá cheia
Carne de porco	2 fatias finas
Frios	3 fatias finas
Presunto cozido	3 fatias
Sardinha com tomate	2 (das de lata)
Peixe cozido com molho	2 filés
Peixe-frito	1 filé
Caldo de carne	2 pratos fundos
Dobradinha com molho	1 xícara grande
Feijão, ervilha, sopa, lentilhas e leguminosas	4 colheres de sopa
c) Alimentos ricos em gorduras	
Alimentos	Equivalente a 100 Calorias
Manteiga	3 colheres de chá (15 g)
Creme de leite	2 colheres de sopa cheias
Maionese comum	3 colheres de chá
Margarina	3 colheres de chá
Bacon	1 fatia fina (15 gramas)
Óleos e azeites	1 colher de sopa
Pastel	1 pequeno
Bolinhos fritos	2 pequenos
Patê	1 colher de sopa
Creme de amendoim	3 colheres de chá

g) Dieta Normal

A dieta normal para o meio brasileiro está sendo apresentada na Tabela 11, tendo sido pesquisada por Amaral (1958. p. 320), que analisou a ração média do paulistano, a qual, em termos gerais, representa a dieta normal do brasileiro, pois as variações são pouco significativas.

TABELA 11

DIETA NORMAL PARA O NOSSO MEIO, SEGUNDO F. POMPEO DO AMARAL

ALIMENTO	QUANTIDADE GRAMAS	PROTEÍNAS GRAMAS	GORDURAS GRAMAS	GLICÍDIOS GRAMAS	CALORIAS	FERRO mg	CÁLCIO GRAMAS	FÓSFORO GRAMAS	VITAMINA A U.I.	VITAMINA B_1 mg	VITAMINA C mg	VITAMINA D mg
Carne	100	20,5	6,5	-	144,5							
Manteiga	30	0,1	24,6	0,1	228,0							
Leite	500	17,5	17,5	22,5	327,5							
Queijo	20	4,4	6,9	0,2	83,0							
Ovo	50	6,1	5,7	0,3	74,9							
Pão	250	18,7	3,2	133,7	650,5	15 mg	1,2 g	1,7 g	10.000 U.I.	580 mg	± 5.000 mg	432 mg
Batata	90	1,6	0,1	15,8	70,6							
Arroz	100	8,0	1,4	76,5	361,5							
Fubá	50	4,3	2,1	36,3	181,5							
Hortaliças	100	1,2	0,3	4,1	24,5							
Banana	200	4,6	0,4	43,2	200,0							
Óleos	20	-	20,0	-	186,0							
Açúcar	90	-	-	89,1	365,3							
TOTAIS	-	88	89,7	438,1	2.972,0							

Valor Calórico Total = 2.972 Calorias

Proteínas - 12% - 360,8   Calorias - 88,0   gramas
Gorduras - 28% - 835,0   Calorias - 89,7   gramas
Glicídios - 60% - 1.776,2   Calorias - 438,1 gramas

PARTE 6 — ALGUMAS DIETAS RECOMENDADAS

Normalmente uma pessoa do sexo masculino necessita de 3.000 Calorias por dia e uma do sexo feminino de 2.400 Calorias por dia, para desenvolver suas atividades normais.

A pessoa que ingere a dieta normal deve desenvolver atividade física de leve a moderada, pois, se for sedentária, é praticamente certo que aumentará de peso em vista de não gastar toda a energia recebida, a qual será acumulada sob a forma de gordura, iniciando-se na região do quadril e se distribuindo por todo o corpo.

Engordar é muito fácil, pois existe um acomodamento psíquico à ideia da "barriga" como sinal de prosperidade e à das enxúndias como símbolo de respeito matronal. Quando se acorda é tarde (FIORAVANTI, 1962. p. 46).

Para manter o peso ideal, precisa-se possuir uma força de vontade bem desenvolvida (existem pessoas que jamais engordam, embora comam à vontade, pois são características biológicas herdadas; são exceções à regra) e um conhecimento aprofundado sobre alimentação e nutrição, bem como sobre a composição química dos alimentos, com o intuito de escolher os mais adequados para a sua ração diária.

É importante estar bem consciente quando for fazer o tratamento da obesidade, principalmente, em função de:

a) não acreditar em milagres;

b) controlar a ingestão calórica diária;

c) realizar exercícios físicos pelo menos três vezes por semana, nunca com duração inferior a trinta minutos para cada sessão de ginástica.

É oportuno lembrar a todos que será preciso:

a) subir uma rampa de 600 metros de comprimento para se perder a mesma quantidade de Calorias que se perderia deixando de comer um pão francês de cinquenta gramas;

b) andar cerca de um quilômetro e meio em marcha forçada, para perder as Calorias fornecidas por um bombom;

c) caminhar cinquenta e oito quilômetros para perder meio quilo de tecido gorduroso (adiposo) propriamente dito.

Fica-se perplexo quando se adquire as informações aqui relatadas, mas é a pura verdade, e em função disso é que será preferível prevenir a obesidade, pois o tratamento é de difícil execução e, na maioria das vezes, decepcionante. Quando o pior já aconteceu, a única coisa a fazer é enfrentar a realidade com conhecimento de causa e removê-la o quanto antes, para evitar as complicações que poderão advir em função do peso excessivo.

A dieta normal para cada pessoa precisará ser restringida a 60% do valor calórico total recomendado, no caso do tratamento da obesidade, o que equivale a 1.200 Calorias na fase inicial e, posteriormente, quando já se tiver conseguido uma certa disciplina e atingido o peso ideal, poder-se-á voltar ao valor calórico total adequado. Uma coisa é certa: o exercício físico terá de ser feito concomitantemente com o regime alimentar; o qual terá de ser continuado enquanto a atividade for sedentária, senão se retornará ao mesmo problema.

Apresentam-se, neste trabalho, três rações básicas, sendo a primeira com um VCT de 1.200 Calorias, a segunda com 1.500 Calorias, e a terceira com 2.000

Calorias. Existem casos individuais que necessitarão de regime alimentar com menor valor calórico, sendo que para estes haverá necessidade da assistência especializada de um Endocrinologista ou Nutrólogo e Nutricionista.

1 — Dieta de 1.200 calorias

1 – Desjejum ou Café da Manhã		
Leite	— 200 gramas —	1 copo médio
Pão	— 25 gramas —	1 fatia de pão de forma ou pão francês de 50 gramas
Café	— à vontade	
2 – Colação		
Fruta	— 100 gramas	1 fruta
3 – Almoço		
Arroz cozido	— 100 gramas —	3 colheres de sopa
Carne magra	— 100 gramas —	1 bife
Verduras	— à vontade	
Fruta	— 100 gramas —	1 fruta
4 – Lanche		
Leite	— 125 gramas —	1 xícara
5 – Jantar		
Arroz cozido	— 100 gramas —	3 colheres de sopa
Carne	— 100 gramas	
Ovo	— 50 gramas —	1 ovo
Verduras	— à vontade	

Observação:
    a) Chá, mate e café à vontade, desde que com adoçante.
    b) Não comer ou beber: abacate, doces, refrigerantes e álcool.
    c) Carnes: peixe, galinha, gado e miúdos.
    d) Para evitar a monotonia alimentar, usar equivalentes nutritivos como variação do cardápio.

2 — Dieta de 1.500 calorias

1 – Desjejum ou Café da Manhã		
Leite	— 200 gramas —	1 copo médio
Pão	— 50 gramas —	2 fatias ou 1 pão francês de 50 gramas
Manteiga	— 10 gramas —	1 colher de chá cheia
Fruta	— 100 gramas —	1 fruta
Café	— à vontade	
2 – Colação		
Fruta	— 100 gramas	1 fruta
3 – Almoço		
Sopa magra de verduras	— à vontade	
Feijão	— 50 gramas —	1 e ½ colher de sopa
Arroz cozido	— 100 gramas —	3 colheres de sopa
Carne magra	— 100 gramas —	1 bife
Ovo	— 50 gramas —	1 ovo
Verduras	— à vontade	
Fruta	— 100 gramas —	1 fruta

4 – Lanche			
Leite	—	—	1 copo médio
5 – Jantar			
Massa	—	100 gramas	— 2 colheres de sopa
Carne	—	100 gramas	
Verduras	—	à vontade	
Fruta	—	100 gramas	— 1 fruta
		ou	
Leite	—	200 gramas	— 1 copo médio
Pão	—	50 gramas	— 2 fatias ou 1 pão francês de 50 gramas
Carne	—	100 gramas	
Alface e tomate	—	à vontade	
Fruta	—	100 gramas	— 1 fruta

Observação: Chá, mate e café à vontade, desde que sem açúcar.

3 — Dieta de 2.000 calorias

1 – Desjejum ou Café da Manhã			
Leite	—	250 gramas	— 1 copo grande
Pão	—	50 gramas	— 2 fatias ou 1 pão francês de 50 gramas
Manteiga	—	15 gramas	— 1 e ½ colher de chá cheia
Queijo	—	50 gramas	— 1 fatia
2 – Colação			
Fruta	—	100 gramas	— 1 fruta
3 – Almoço			
Arroz cozido	—	150 gramas	— 4 e ½ colheres de sopa
Carne magra	—	150 gramas	— 1 bife médio
Ovo	—	50 gramas	— 1 ovo
Verduras	—	à vontade	
Fruta	—	100 gramas	— 1 fruta
4 – Lanche			
Fruta	—	100 gramas	— 1 fruta
5 – Jantar			
Sopa rala de verduras		à vontade	
Arroz cozido	—	150 gramas	— 4 e ½ colheres de sopa
Carne	—	150 gramas	— 1 bife médio
Verduras	—	à vontade	
Fruta	—	100 gramas	— 1 fruta
6 – Ceia			
Leite	—	125 a 150 gramas	— 1 copo pequeno ou 1 xícara

Observação: Chá, mate e café à vontade, desde que sem açúcar. Não beber refrigerantes.

É importante que se esteja bem familiarizado com relação aos equivalentes nutritivos (alimentares), com os grupos de alimentos ou a roda dos alimentos ou a pirâmide alimentar, e com a composição química e valor calórico dos alimentos para se poder fazer, às vezes, trocas, quando se transgredir a dieta ou quando se quiser variar os tipos de alimentos para evitar a monotonia alimentar. Um exemplo de transgressão está relacionado com o uso de bebidas alcoólicas com finalidades sociais. Como se sabe, um grama de álcool fornece sete Calorias e, em um copo de cerveja, são encontradas sessenta provenientes do álcool e noventa provenientes da maltose. Isto significa que existem 150 Calorias por copo, isto é, tantas Calorias quantas são encontradas em um e meio pão francês de cinquenta gramas, ou as de três colheres de sopa de arroz ou as de um bife de bom tamanho.

Como se observa, uma simples transgressão alimentar poderá ser a responsável pelo aumento do peso corporal se não houver compensação com algum tipo de atividade física que gaste aquele excesso calórico.

Um conselho que se deve ter bem presente é o seguinte: "Não se deve jamais querer emagrecer em um mês o que se engordou em alguns anos. A emenda será pior que o soneto" (FIORAVANTI, 1962. p. 102).

Inicialmente o ritmo de emagrecimento é rápido, mas, com o passar do tempo, fica mais lento, e aí é que há necessidade de uma grande força de vontade para continuar o regime alimentar e os exercícios físicos adequados. Os exercícios físicos são cansativos no início, mas, com o passar dos dias, tornar-se-ão mais agradáveis e depois de algum tempo (mais ou menos quatro meses) haverá uma adaptação do organismo, de tal modo que a falta destes fará com que o próprio organismo solicite quando a pessoa não praticar atividades físicas.

Capítulo 5

PREVENÇÃO DO ESTRESSE

5.1. Introdução

A vida é o eterno balanço entre tensão e relaxamento. O homem deste milênio continua enfrentando problemas já confrontados por seu semelhante, desde tempos imemoriais, acrescidos de ambiguidades socioeconômicas do progresso tecnológico vertiginoso dos dias atuais, para os quais as suas defesas psicológicas não foram preparadas suficientemente, pois não absorveu a maior parte das experiências que seus antecessores vivenciaram.

As situações geradas neste século estão modificando continuamente o estilo de vida das pessoas, colocando-as diante de exigências desconhecidas, o que faz com que aumente o nível de tensão. Com isto, observa-se o aparecimento de alterações psicofisiológicas, as mais variadas, como será mostrado neste capítulo, as quais vão desde sensação de medo até esgotamento mental ou embotamento mental, pois cada pessoa reage de uma maneira específica diante das exigências psicossociais enfrentadas.

As defesas individuais (biopsicossociais) não se desenvolveram com a mesma velocidade que as alterações verificadas nos ambientes sociais e laborais.

Diante disto, a maioria das pessoas não entende o que está acontecendo a sua volta e reage de maneira inadequada para solucionar os conflitos existentes no seu ambiente de vida. Isto é mais evidente na classe média dos países periféricos e na classe obreira dos países centrais, onde as pessoas não são esclarecidas ou preparadas para enfrentarem a realidade, em virtude do seu despreparo, devido à deterioração dos ensinos formais dos 1º, 2º e 3º graus e mesmo em face da desagregação social existente neste início de século.

Ao reagir de maneira inadequada às exigências psíquicas no seu ambiente de vida, o homem, psicologicamente despreparado, poderá desenvolver um desgaste anormal no seu organismo e, dependendo da susceptibilidade individual, apresentar uma incapacidade crônica de tolerar, superar ou se adaptar, apresentando lesões, as mais variadas, desde intranquilidade até esgotamento mental ou embotamento mental, tudo dependendo da sua estrutura psíquica.

Esta reação foi denominada de "reação de emergência" por Walter B. Cannon, em seu livro *A sabedoria do corpo*, publicado em 1932. Posteriormente, Hans Selye chamou de estresse o conjunto de reações de adaptação de um organismo.

O termo estresse é muito utilizado na engenharia para especificar o grau de deformidade que uma estrutura sofre quando é submetida a um esforço, o qual poderá levar à ruptura desta, desde que ultrapasse a capacidade de resistência dos componentes daquela estrutura.

Selye (1959. p. 64) usou este termo para denominar o conjunto de reações que o organismo humano desenvolve ao ser submetido a uma situação que exige um esforço para adaptação. No livro *Stress — a tensão da vida*, escrito em 1956, traduzido por Frederico Branco e publicado pela Ibrasa de São Paulo, em 1959, Hans Selye (1959. p. 74) afirma que: "Estresse é essencialmente o grau de desgaste no organismo humano, embora não implique, necessariamente, uma alteração mórbida, pois a vida normal, também, acarreta desgaste na maquinaria do corpo".

As pessoas popularizaram a conceituação de estresse, empregando-a nas mais variadas situações, tais como: "ando muito estressado com os acontecimentos atuais da política econômica" ou "como fico estressado quando preciso dirigir, nos dias atuais, neste trânsito confuso", bem como outras afirmações em qualquer contexto.

O organismo humano apresenta reações específicas e não específicas diante de diferentes exigências, tanto externas quanto internas.

Ao conjunto de modificações não específicas, Selye (1959. p. 36) denominou de Síndrome Geral de Adaptação, que consiste em 3 (três) fases, ou seja: Reação de Alarme; Fase de Resistência e Fase de Exaustão.

A existência ou não de estresse na vida de uma pessoa é o resultado de uma interação entre as exigências psíquicas do meio e a estrutura psíquica da pessoa.

Esta interação foi bem caracterizada pelo Prof. Hudson de Araújo Couto em seu livro *Stress e qualidade de vida do executivo*, como segue:

```
                    Estresse por        Ajuste         Estresse por
                    Monotonia           Ótimo          Sobrecarga


        R<<1           R<1         R=1         R>1            R>>1

                 Relação (R)    Exigências Psíquicas do Meio
                                ─────────────────────────────
                                Estrutura Psíquica do Indivíduo
```

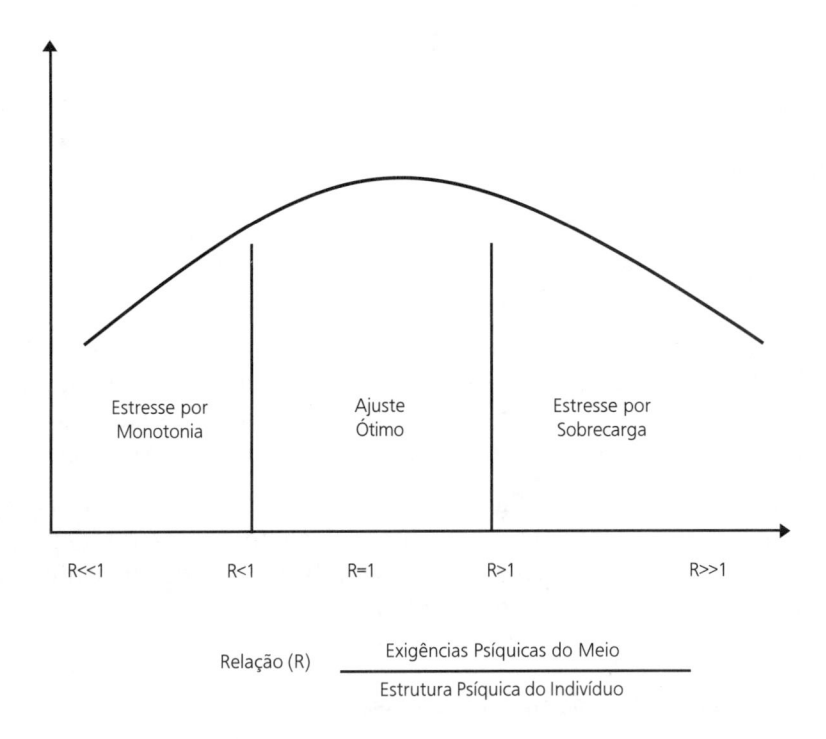

Esta relação pode ser descrita da seguinte forma:

À medida que as exigências de natureza psíquica são um pouco menores ou um pouco maiores que a estrutura psíquica da pessoa, ela se sente animada, motivada, com alta energia vital, analisa os fatos com realismo, tem memória e sente-se calma sob tensão.

À medida que as exigências psíquicas do meio em que o indivíduo vive são muito mais fortes que a estrutura psíquica deste mesmo indivíduo (relação muito maior que 1), ele passa a sentir o chamado **estresse por sobrecarga,** em que a manifestação principal é o pânico pela incapacidade de conviver com as exigências. Numa fase inicial, manifesta-se o quadro de fadiga psíquica, podendo chegar ao esgotamento mental.

À medida que as exigências psíquicas do meio em que o indivíduo vive são insuficientes, para sequer se aproximarem da estrutura psíquica desta pessoa (relação muito menor que 1), esta passa a sentir o chamado **estresse por monotonia**, em que a manifestação principal é o desconforto do indivíduo diante de tão pouco estímulo. Numa fase inicial, manifesta-se a fadiga psíquica, e se a situação continuar, chega-se à letargia ou embotamento mental.

Isto demonstra a comparação feita por Selye (1959), segundo a qual tanto vai haver estresse se você quiser que a "tartaruga" ande como um "cavalo de corrida" como se quiser que o "cavalo de corrida" ande como a "tartaruga".

As formas de estresse mais frequentes nos tempos atuais são:

• a primeira é o estresse dos indivíduos que vivem de forma corrida, competitiva, agressivamente envolvidos em uma luta crônica e **incessante** para **realizar** e ter cada vez mais;

• a segunda é o estresse dos indivíduos que vivem tensos, seja no ambiente de trabalho, seja em casa, seja consigo mesmo; nesses casos, a tensão pode ser ocasionada por uma série de fatores;

• a terceira é o estresse dos indivíduos em crise existencial, geralmente entre os 38-45 anos, questionando-se sobre o significado da vida, principalmente do tipo de vida que vêm tendo, diante da perspectiva de que não vão conseguir realizar tudo a que se propuseram, e de que o tempo (de vida) tem um fim;

• a quarta é o estresse do indivíduo que está vivendo alto grau de desajustamento, consciente ou inconscientemente, a uma realidade de sua vida, seja à realidade do seu ambiente de trabalho, do seu ambiente familiar, do seu ambiente social ou dele consigo mesmo.

5.2. Modelo básico de origem do estresse

Para explicarmos a origem do estresse, valemo-nos de uma representação esquemática, em que correlacionamos o ambiente de vida com a psicologia de cada pessoa, ou seja, procuramos correlacionar os ambientes de trabalho e extraprofissional com a estrutura psíquica da pessoa, que chamamos de vulnerabilidade.

Do exposto, pode-se afirmar que os fatores ou agentes estressantes são de 3 (três) categorias, ou seja:

1ª) Fatores do Contexto;

2ª) Fatores ou Agentes do Ambiente de Trabalho; e

3ª) Fatores de Vulnerabilidade.

Havendo a interação das três categorias de fatores, teremos a presença do estresse, embora sejam encontradas pessoas mais propensas ou menos propensas, tudo dependendo da estrutura psíquica individual de cada um.

Dentre os fatores de contexto ou do ambiente extraprofissional, encontramos: remuneração inadequada, propaganda enganosa, políticas governamentais não compromissadas com as necessidades reais da cidadania (produção de alimentos, política habitacional caótica, transporte urbano desorganizado, preços exorbitantes das roupas de vestuário, etc.), mercado de trabalho restrito, previdência social mal planejada e administrada por políticos corruptos, legislação salarial instável e ambígua, hospitais e serviços de saúde sucateados e desajustamento familiar como os mais frequentes.

Como fatores ou agentes do ambiente de trabalho, que funcionam como estressantes, podemos listar: chefia insegura ou incapaz, autoridade mal delegada, bloqueio de carreira, conflitos entre colegas de trabalho, organização deficiente do ambiente de trabalho, protecionismo, salário inadequado para satisfazer a ambição individual, relacionamento humano deficiente, trabalho monótono, a falta de motivação, desconhecimento das responsabilidades, órgãos públicos administrados por políticos indicados por apadrinhamento, impunidade administrativa dos dirigentes de órgãos públicos quanto a gastos desnecessários (exemplo: prefeitos, governadores, secretários de Estado e executivos de estatais, normalmente não compromissados com a sociedade onde atuam) e ambientes de trabalho sem as mínimas condições quanto à higiene ambiental (agentes físicos, químicos, biológicos e ergonômicos).

Com relação aos fatores de vulnerabilidade, podemos relacionar os seguintes: pessoas que necessitam ingerir drogas, com frequência, no seu dia a dia para sua autossuficiência na solução de problemas laborais; indivíduos de nível intelectual acima da média, portadores de traços neuróticos (inseguros, distônicos, com entusiasmo excessivo e tenso), pessoas sensíveis às impressões afetivas e aqueles com estilo de vida tipo "A".

As pessoas caracterizadas no estilo de vida tipo "A" são as que têm os seguintes traços em sua personalidade:

a) Impetuosidade verbal;

b) Movimentação constante;

c) Impaciência;

d) Fazem ou pensam duas ou mais coisas ao mesmo tempo;

e) Dominam a conversa (antena multidirecional);

f) Sentem-se culpadas quando descansam;

g) Preocupam-se com o ter;

h) Programam cada vez mais compromissos em menor tempo;

i) Alta competitividade;

j) Tiques ou gestos nervosos com muita frequência;

k) Medo de diminuir o ímpeto; e

l) Fixação nos números.

Para melhor compreensão do modelo básico de origem do estresse, faz-se mister o entendimento do que seja espaço invisível psicológico, bem como o seu rompimento e a pressão no trabalho, analisando, ao mesmo tempo, os tipos psicológicos introvertidos e extrovertidos.

5.2.1. O espaço invisível psicológico

Todo organismo vivo, principalmente o animal — racional ou não —, tem, em torno de si, um **espaço invisível psicológico** que também é chamado de **território**. Este espaço ou território recebe *designação de invisível*, porquanto gerado e fecundado por aspectos eminentemente culturais, que o ser zela para não ser invadido. *O espaço e o zelo pela não invasão é a dimensão oculta da personalidade de cada ontológico, isto é, do ser enquanto ser.*

Obedecidos os parâmetros culturais, o território humano explica as ações e as relações sociais entre os agregados demográficos, desde a família até a grande empresa, o Estado, a igreja, as diversas instituições, o lazer e a recreação. Preliminarmente colocado, pode-se definir o espaço invisível: *é aquele que, dentro da dimensão espacial, obedecidas as normas culturais, é dissimulado pela imposição das ações e relações sociais, da lógica, da necessidade de fazer abstrações, a partir de fragmentações e entendimentos coletivos.*

Conscientes de que a definição traz, em si, uma ambivalência interpretativa, necessária se torna a definição de alguns termos:

Dissimulado: o fato é criado e outro se sobrepõe a este; ele é encoberto por razões sociais distintas, quando está disfarçado e sublimado por outros fatos.

Relações sociais: são vínculos que se estabelecem entre agentes coletivos, mediados por meios materiais.

Ações sociais: são comunicações intersubjetivas entre agentes coletivos.

Decodificada a definição, observa-se que ela se sobrepõe ao entendimento entre os zoológicos, para se fixar no território. Este território tem duas dimensões culturais:

Endógena: que repousa em cada ser — ontológico — dentro de sua privacidade, individualidade; considera comportamentos singulares; e

Exógena: onde a família, o grupo, a comunidade e a sociedade metabolizam em suas vidas os substratos políticos e econômicos.

Estas duas dimensões são dissimuladas por distâncias psíquicas, sociais e culturais e são instintivas no zoo — **ataque e fuga.**

Na procura pedagógica de delimitar a compreensão, é necessário interpor alguns exemplos: os primeiros, referentes aos irracionais, e os demais, atinentes ao homem.

1. Uma *cobra*, quando se vê molestada pela aproximação de qualquer agente, procura, de imediato, a fuga. Instintivamente percebendo a impossibilidade de empreendê-la, parte para o ataque de forma violenta, não mais se deixando vencer.

2. Uma *galinha*, cujo espaço oscila com a pertinência do momento, tem um espaço bastante dilatado e, normalmente, empreende a fuga. Contudo, quando está chocando em seu ninho reprodutivo, este espaço cai a nível minúsculo e ela volta-se à defesa sua, dos ovos e, se for o caso, da criação — os pintinhos.

3. Muitas espécies de *peixes* apresentam singularidades. O carapau elege o território em que irá persuadir a fêmea a colocar os ovos. Infla a barriga que fica multicor, irrompe em movimento tipo dança, atraindo a fêmea, ritualizando-a em círculo, até que, cansada, esta coloca os ovos, que fertiliza. A partir daí, cuida do território até que as *larvas* se desenvolvam e ganhem autonomia. Oferece a própria vida em defesa do nicho reprodutivo.

4. Experiências mostram que, mesmo com alta taxa de natalidade, ambiente próprio, alimentação suficiente, embora limitados pelo espaço, os *ratos* não procriam além de um determinado quantitativo. Experiências dão conta de que a quantidade pode subir a duzentos ratos em vinte e cinco metros quadrados, declinando após, em vinte por cento a cada seis meses, o que vale afirmar que em três anos não haverá mais reprodução.

5. O domador, portador de técnica, conhece muito bem as reações do domado, mantendo todos os cuidados de segurança para si e para os espectadores. Mas por que então há grades de proteção? São necessárias para garantir que o espaço do animal, uma vez rompido, não favoreça que ele se volte contra o público.

Poder-se-ia arguir outros exemplos, pois cada espécie de animal tem sua especificidade e alinha-se em condutas singulares. Na procura desse entendimento, surge o **racional**, ao qual dedicaremos alguns exemplos:

1. Um passageiro de ônibus permite que os demais se aproximem, acotovelem-se no seu interior, mas, em lugar público, como uma praça, isola-se numa dimensão que não sinta o corpo de outrem.

2. A transeunte reage com violência quando um desconhecido aproxima-se procurando roubar-lhe um beijo. Agrava a ação o grau de conhecimento entre as pessoas, o limite público do local, a situação geral da agredida e onde o suposto beijo seria depositado.

3. O espaço invisível psicológico de um **japonês** é distinto do de um **alemão**. O primeiro tem seu *bias* cultural restrito a um território — Japão — de pequenas dimensões, considerando o tamanho da população. Conseguiu desenvolver uma miniaturização ímpar, aliada à ocupação espacial, onde dois terços deste mesmo território é vulcânico, acidentado, não se prestando para a agricultura nem para edificações. Convive em pequenas casas ou apartamentos e se abriga sob a tutela do restrito. Para vencer estas limitações, com ajuda da

tecnologia de ponta e uma invulgar metodologia, formatou seus *bias* culturais de maneira impressionante, exportando para todo o mundo seu milenar conhecimento restritivo. Já o alemão, esse irreverente gênio da guerra, necessita de alta privacidade, casa grande, pátio, jardim, quintal, clube, onde, individual ou coletivamente, pode beber sua cerveja, cantar, dançar, enfim, movimentar-se. Seu **bias** chega ao limite de ser o introdutor de sala fechada para fazer sua leitura, refeição; fecha à chave o quarto quando vai dormir e, inclusive, compartilha com a mulher o mesmo espaço, mas em camas separadas.

Os espaços não podem ser singularizados ao físico, mas a todos os aspectos que o cotidiano impõe ao vivente — natural — social e psicológico, fatos que poderiam ser observados para cada ação e relação social, que se altera a cada momento histórico na vida da humanidade.

ROMPER O ESPAÇO INVISÍVEL PSICOLÓGICO OU O TERRITÓRIO, POR QUALQUER CAUSA, PROVOCA ESTRESSE, NA PROPORÇÃO DIRETA DA APROXIMAÇÃO, OU SEJA, DO VOLUME E DA INTENSIDADE DESTE ROMPIMENTO.

5.2.2. Rompimento do espaço invisível psicológico e pressão no trabalho

Sob a ótica terapêutica, o rompimento do espaço invisível, no que se refere ao trabalho, acomete o trabalhador, traduzindo-o em angustiado, ansioso, demandante excessivo de energia, decepcionado, insatisfeito e depressivo, cujas ações agem, diretamente, sobre o físico e o psíquico das pessoas, e cuja resposta a estas ações gera uma estimulação e uma percepção altamente *estressante.*

Esta percepção está ligada ao sensório do sujeito e do agente, que devem estar preparados para transformar a invasão e a pressão em construções positivas, reduzindo ao máximo as negativas, o que permite a inversão da problemática, ou seja, rompimento e pressão, trabalhando para *ego* e *alter* de modo construtivo. Cada elemento tem sua dimensão oculta, motivo pelo qual se deve medir o nível do grupo para fixá-la no ponto médio possível, eliminando-se, ao máximo, os efeitos da ansiedade, que contribuem para o aparecimento, manutenção e aumento do estresse.

Todo sujeito é dotado de uma carga energética, que tem autonomia relativa, pela circulação e metabolismo próprio. Esta pulsação energética está configurada pelo cósmico e se expressa no homem pelo volume de átomos que o compõem, manifestando-se pela **aura**, também chamada de espaço individual, o qual, pelos processos e método Kirlian, é possível, inclusive, fotografar. Esta circulação energética se expressa de várias maneiras, e uma delas é o estresse que, na vida embrionária, atinge os genes; na vida fetal, tem como interface a base desse momento, seu acolhedouro hábitat — a mãe — atingindo diretamente os aparelhos do tato, auditivo e circulatório e, quando nasce, está permanente e sequentemente exposto ao estresse que se manifesta por meio dos sentidos — visão, audição, olfato, paladar e tato. Quando os mecanismos do feto são acionados por convulsões estressantes, estes são motivados por quantidade e intensidade variada de energia nutritiva deficiente, que se manifestam por tipos variados de lesões e malformações, somente identificadas quando do nascimento. Na vida adulta atinge o homem, que, pelas sucessivas estações de angústia, pode levar o agente trabalhador a estados patológicos como a fadiga, o embotamento e a depressão, caminhando para outras doenças como úlceras e problemas cardíacos, estes dois últimos acometendo, em maior frequência, os proprietários dos meios de produção e os gestores, isto é, os trabalhadores indiretos. Contudo, algumas regressões psicoculturais dão ao executivo a necessidade de demonstrar que sua atividade é muito intensa, que necessita decidir, deliberar, comandar, supervisionar, inspecionar, inferindo ar de preocupado, agitado e estressado, tudo para demonstrar ao círculo de pessoas que com ele convive que ele é "único, imprescindível e insubstituível". O nível de estresse dentro da empresa não pode ultrapassar a barreira da média, mais um desvio padrão.

Se, por outro lado, a patologia é manifestada por uma má circulação energética, esta se deve a comportamentos impróprios da mãe, como ingestão abusiva de álcool, uso do fumo, drogas, estimulantes ou depressivos durante a gravidez, e seus reflexos, pós-natais, manifestam-se em dois momentos funcionais: no primeiro, passível de patologias psíquicas na adolescência, e no segundo, já na vida adulta, esta ritmizada por uma tensão que é receptível pela demanda excessiva do *self*, isto é, seus próprios estímulos, confiança, determinação, crítica, entre outros. Efetivamente, as pessoas necessitam de energização, mas é fundamental, igualmente, fazê-la circular e, se traduzida em Calorias, gastá-la, através de exercícios físicos ou trabalho muscular. Observa-se que estas demandas provocam pressão de todas as ordens: sociais, como por baixo salário, falta de habitação, transporte, alimentação, entre outras; psíquicas, como todas as regressões, psicopatias, neurastenia; biológicas, como doenças e enfermidades; e físicas, como o calor intenso, ruídos além do limite tolerável, umidade relativa alta, e assim sucessivamente. É o excesso de demandas que provoca o estresse, pois a demanda normalizada, em si, é aconselhável.

Qualquer perturbação da consciência, pela percepção própria, análise, crítica e referência provoca o estresse, porquanto os estímulos sensoriais provocam o sentimento de excitação. Se o indivíduo não for acometido por estresse, então sua patologia psicossocial é muito mais intensa, podendo ser classificado como um psicopata capaz de agredir o individual ou o social sem maiores sentimentos de culpa. No caso de essas regressões terem fortes ligações com a vida intrauterina, o estresse é somente o vestibular para outras manifestações maiores. Neste caso, podem aparecer o pânico, o embotamento e a depressão, numa análise distorcida da realidade, falta de orientação física e incoerências quanto ao modo de ver e entender a realidade, dentro de uma amplitude para suportar estas perturbações de consciência que, quando está fora do nível de normalidade, provoca imediatamente o estresse, que oscila na razão direta em que esta perturbação seja cumulativa com a decepção. Desta maneira, quando o trabalhador se vê sobrecarregado de tarefas a cumprir, será acometido, invariavelmente, pelo estresse, mas se, ao contrário, tirarmos dele as tarefas, deixando-o sem atividade alguma, encostado, não tendo nada a fazer, a sua decepção aumenta e o estresse atinge níveis muito mais altos do que no período em que havia sobrecarga. O ritmo com que as tarefas são feitas e desenvolvidas, igualmente, deve ser planejado. Ritmo muito intenso causa estresse menor do que ritmo lento, sonolento, aquém da capacidade do agente. Esta afirmação é central, porquanto cada *ego* tem uma determinada capacidade em desenvolver um trabalho, que deve ser respeitada, mantendo um padrão regular, para que a energia não seja excessiva nem mínima, e para que o trabalho apresente sempre e, sequentemente, uma estimulação, acompanhada de satisfação. Diminuídos o estímulo e a satisfação, ocorre simultaneamente a diminuição do nível de vigilância e atenção, acontecendo paralelamente o aumento do estresse e a iminência de acidentes.

A origem do estresse é explicada pela ansiedade e agressividade, condutas estas que não guardam antagonismo entre si, pois a ansiedade nada mais é do que uma agressividade negativa, ou seja, o agente a dirige contra sua própria pessoa. A origem dessa regressão está no recém-nascido que sofre por falta de sensações, por omissão dos profissionais da área da saúde e da família. Neste caso, ele recorre a mecanismos de defesa do tipo energético, como elemento de compensação, mas não evita o estresse naquele momento da vida e, ainda, projeta--o para a vida adulta, dentro de parâmetros culturais singulares. Dentro dessa metáfora, o homem do início do século XXI vive momento de alta insatisfação, porquanto necessita trabalhar a semana inteira para se fazer presente no cotidiano impetuoso e cruel. Ao chegar em casa, não consegue separar ou esquecer o trabalho e se estressa pela impotência de não poder apresentar soluções para os múltiplos problemas. Esta conduta aumenta no final de semana e nos feriados, razão pela qual a casa, os finais de semana e os feriados/dias-santos são dias de estresse. Este quadro pode trabalhar favoravelmente para *ego* quando existe um equilíbrio entre as responsabilidades do lar, do trabalho e do lazer. *Ego* é repositório de um quantitativo de energia que, na proporção em que é retirada, provoca o estresse. Este retirar, repetimos, está nas vinte e quatro horas do dia, durante os trezentos e sessenta e cinco dias do ano, em que, além do trabalho em si, o agente se vê interposto com os compromissos familiares de habitação, vestuário, alimentação, transporte, recreação, lazer, educação, entre esses cem mil institutos sociais que ornamentam o ser. Retirada toda a energia, o corpo não mais reage e sobrevém a doença psíquica e fisiológica, com resultantes que podem chegar a doenças orgânicas diversas.

O som nada mais é que uma vibração energética, cujos dutos podem ser físicos, eletrônicos, água, ar e outros, mas é grande indutor de estresse, pois é percebido como gratificação ou frustração; como agradecimento ou reprovação; como recompensa ou punição. Ele ocorre desde a circulação fetal até os últimos minutos da vida, e sua ausência, pela surdez, provoca, no primeiro momento, o aumento crescente do estresse, pois ele tem a propriedade de provocar lesões nas vias cocleares e podem destruir a audição. A audição destruída não implica, obrigatoriamente, que *ego* esteja surdo, mas sim que lhe falta condições para ouvir o que *alter* quer dizer. Não mais consegue ouvir uma música, porquanto isso implica uma decodificação que não mais sabe fazer, pois sua motriz auditiva está plantada na base do sistema nervoso central e correlacionada com o continente psicológico, pela problemática social que o envolve. Implantado *ego* nesta cadeia, só lhe resta a decisão entre o ataque ou a fuga. Sua decisão será condicionada ao espaço invisível de que é signatário, atenuada ou agravada pelo prolongamento ou por nova reação.

A secreção da tireoide aumenta de maneira contínua quando se tem necessidade de suportar um esforço prolongado, enquanto um esforço repetitivo e repentino é acompanhado de hipersecreção suprarrenal, isto é, adrenalina. Esta percepção pelos telerreceptores do primeiro nível pode causar ansiedade. O mecanismo de defesa que o psíquico encontra é poder assumir um estado de estresse durante o esforço prolongado ou repetitivo. A ambivalência do estresse contínuo repercute no coração com o aparecimento de taquicardia e arritmia, que são manifestações que desaparecem com a eliminação do estresse, este possível e passível de alteração, com mudanças nas condições de trabalho e de vida, sobretudo quando o sujeito está sobrecarregado de responsabilidades. O estresse prolongado também é devido à falta de afeto que o sujeito teve ou tem por parte de um dos pais, ligado ao sentimento de culpa causado pela hostilidade para com os pais. O esforço narcisista naturalmente permanece inconsciente para ele que se veja obrigado a colocar maior volume de sangue nos tecidos, aumentando o ritmo cardíaco que poderá ficar em estado de prontidão permanente e assim transformar o agente num hipertenso. Paralelamente, a tensão muscular também aumenta; seu espaço invisível torna-se cada vez menor, advindo dores no pescoço, nas costas, nos ombros e nos braços, com alta possibilidade de tornar o agente um fatigado psíquico permanente.

O estresse emocional provoca uma patologia coronária. As coronárias podem ter um espasmo tal que a luz da artéria se estreita de forma a impedir o fluxo do sangue, determinando uma manifestação isquêmica, transitória ou definitiva. Mas é necessário que se note que a arteriosclerose é uma consequência de perturbações do metabolismo lipídico acompanhadas de aumento de colesterol e de triglicerídios. Estes elementos sempre estão ligados a problemas de ordem emocional, quer de realização ou frustração, resultado de um aumento do trabalho, causado por ressentimento, raiva, ansiedade, medo, ou resulta de uma diminuição do débito cardíaco, acompanhado e originado pelo desespero, abandono e angústia de morte.

Estas alterações fisiológicas e comportamentais estão ligadas diretamente à personalidade de *egos*, porquanto alguns se irritam facilmente, outros são dolentes e não manifestam estado de preocupação. O importante é compreender que, no momento em que houver o rompimento do espaço invisível psicológico e o nível de pressão aumentar, todo o sistema fisiológico e psicológico responderá ao mesmo momento, demonstrando sua emoção, no mundo dos sentimentos, mentalização e comportamento, normalmente deixando de ser público para ingressar como multidão; assumindo uma momentânea depressão ou uma contagiante alegria e/ou, ainda, manifestação de pânico, angústia ou culpa. Estes comportamentos específicos em cada agente são antagônicos entre si, porquanto todo homem age segundo suas premissas culturais e as manifestações do *id*. No estabelecimento de algumas prioridades, estas o são pela manutenção do *status quo*, mas, quando diversificadas pelos momentos, comparece o "oculto" e toda a frustração transforma-se em fuga, que estabelece prioridades, hesitação e procrastinação. Estes são os parâmetros que, pela aflição, levam o trabalhador a um trabalho racional, mas o povoam pelo estresse.

Outra forma, maneira de agir sociologicamente e, assim, coletivamente, é a comportamental. Como pode o gestor envolver o indivíduo ou o grupo? Mostrando-se afetivo, falando pausada e suavemente ou sendo enérgico, gritando e totalmente irritado? No primeiro caso, temos um processo consciente de solidariedade orgânica que pode evitar, em muito, o estresse, enquanto, no segundo, o estresse é manifesto e todo o grupo entra em estado vestibular de pânico. As duas maneiras *retro* sugerem as corretas? Não! Para evitar o estresse e fazer com que os agentes sejam integralmente participativos, são necessários energia, competência, idoneidade, senso de justiça e coerência nos procedimentos.

Todo estresse provoca reações hormonais relacionadas à estrutura caracterial — agressividade, incapacidade de se defender. Com estas manifestações hormonais, as defesas imunitárias, por serem alterações fisiológicas, estão intimamente ligadas ao nível de pressões no trabalho e que se apresentam de formas diversas: dor de cabeça, enxaqueca, dores musculares e, por vezes, náuseas, que são sintomas de estresse.

Frequentemente, nos sujeitos orais recalcados, há um aspecto fálico e narcisista ou histérico, mas, em caso de situações conflitantes, eles regressam a explosões psicóticas devido à sua agressividade destrutiva, acompanhada de mordacidades paranoicas/paranoides. Em geral, esses sujeitos compensam suas tendências depressivas e, não é por acaso, fazem-no pelo prazer dos olhos, mediante leituras, pela estética ou por alucinógenos, relacionando ou não todo o sistema que os estão envolvendo. Tal fato ocorre com maior frequência em momentos em que o agente está indefeso diante da potestade do chefe ou que se sente vilipendiado e não pode agir; sente-se em nível superior e agride o preposto empregado, sabendo que este não tem condições de reação. Tanto um como outrem entram na marcha do estresse.

O homem tenta romper sua repressão como sempre o fez, sem ir à raiz dos seus problemas, pois lhe incomoda o real. Em tal caso prefere as fugas, como o fumar, deixar o início do regime para a segunda-feira seguinte, beber o último vinho, ficar em estado de preocupação pela última vez e assim sucessiva e continuadamente. Estas veladas volúpias serão desmentidas, pois a compra de cigarros continua a mesma, o regime ficou para a próxima semana e a adega foi abastecida com maior quantidade de vinho. Esta não preparação para o "viver" é a causa do estresse.

A medalha humana sempre tem três faces: biológica, psicológica e social, porquanto na dialética não há possibilidade de separar os continentes da natureza, do homem e do social, pois, desaparecendo esta diálise, desaparece a vida. Vive-se, atualmente, um momento de difícil interpretação e, assim, de vida. Se, por um lado, a eletrônica, cibernética e a tecnologia de ponta permeiam todo o "ser", os institutos sociais ainda estão agregados aos *bias* culturais de um passado muito distante, que tende a se ampliar cada vez mais, provocando uma exaustão, isto é, um colapso físico e mental, levando *ego* à morte. Mas uma pergunta preocupa o analista menos atento: por que o homem estressado do século XXI vive mais tempo do que o homem não estressado, fatigado e depressivo do século XVIII? Sim, a diferença está em exatamente trinta e sete anos de vida média, ou seja, de esperança de vida ao nascer, sublimados pelas imunizações, pelo avanço na medicina em todas as áreas, pela melhoria da alimentação, vestuário, habitação e transporte e, acima de tudo, pelo vertiginoso aumento da intensidade social.

O desmame é vivido, geralmente, como um momento estressante. A esse período, já difícil, acrescenta-se a valorização da evacuação. A experiência emocional ligada ao aparelho digestivo se resume a "tomar, reter e perder". Na vida adulta, o referido momento é, diariamente, revivido com o esgotamento de energias que possui para enfrentar as pressões, provocando um choque entre a capacidade de repor estas mesmas energias e a necessidade de equilibrar seu viver com um volume satisfatório de comunicações sociais.

Na úlcera de duodeno, constata-se que a secreção máxima se opera durante a noite. O sistema parassimpático aumenta a produção de acetilcolina, que provoca uma anoxemia dos tecidos aumentando a acidez. O sistema parassimpático na gênese do medo é de tal modo causador de estresse que se paralisa literalmente, impondo que o urbanizado moderno crie barreiras e aumente sua qualificação para conviver em sociedade. Esta preparação resulta na participação ativa de todos os movimentos: mantenha-se atualizado, normalize sua vida entre o trabalho, a recreação/lazer e descanso e medeie a atividade física com a mental, para equilibrar o corpo e a mente.

A somatização é o protesto agressivo à frustração de uma atividade independente. O colo responde ao estresse emocional, seja por um aumento peristáltico e diarreia, seja por sua diminuição e constipação. O agente, por razões somáticas, vê as pessoas a sua frente como monstros enormes ou anões indefesos; tarefas fáceis podem parecer intransponíveis e outras complexas podem ser tomadas como banais; o quadro famoso passa despercebido, enquanto uma gravura singular assume *status* de maravilha, e assim sucessivamente.

O estresse e os conflitos psicológicos influenciam o desenvolvimento da doença pelo fato de as pessoas invocarem, a partir do presente, o futuro que, em muitas das vezes, aparece como sombrio e inconsequente. Se, ao contrário, o agente tiver a capacidade de perceber o amanhã não como ameaça, mas sim como progresso de desenvolvimento e evolução, poderá neutralizar o estresse e, assim, a doença.

A doença, muitas vezes, declara-se após uma situação de estresse ou de perda do objeto de desejo, pois o indivíduo está temeroso de ser privado de sua segurança interior, sem esquecer seu sentimento de culpa provocado pela hostilidade que nutre pelo objeto afetivo e pelo sentimento de decepção do qual se ressente diante de si mesmo. Esta situação ocorre quando *ego* começa a formar suas próprias opiniões sobre o mundo, como ele é e como deveria ser; como pode se apropriar do real e como o real poderá ser apropriado. Antagoniza o mundo dos adultos e acolhe o dos jovens; vê as contradições das sociedades distintas e aceita o conflito entre as singulares, projetando toda sua cognição sobre o mundo que o cerca e o que lhe é mais afetivo.

Na neurose histérica, pode-se encontrar a famosa "convulsão histérica". São movimentos tônicos/clônicos do corpo inteiro, em geral desordenados, com tendência do corpo a fazer um arco para contrair os músculos extensores: é o opistótono. Esta fuga para a convulsão ocorre após um grande estresse, emoção ou conflito agudo que, frequentemente, é confundida com uma crise epiléptica.

5.2.3. Introvertidos e extrovertidos

Os diversos tipos psicológicos são acometidos de modos diferenciados pelo estresse, por suas incompatibilidades e as contradições, não antagônicas, entre seus sistemas de valores, forma de observar e de se apropriar do real, além do sentido simbólico entre as fases destes sistemas, o que infere uma diversificação comportamental, decomposta, a nível macro, em introvertidos e extrovertidos. Cada tipo psicológico tem uma maneira singular de observar, analisar, comentar e sintetizar o real.

O indivíduo vive em sociedade que é totalmente *fechada pelos institutos sociais*. Sim, toda a sociedade é composta por inúmeros institutos sociais, muitos deles simples, outros altamente complexos. Como exemplo deste último, citamos o instituto do casamento, e do primeiro, o instituto do vestir. É muito difícil encontrar um instituto social simples, pois os complexos são as maiorias absolutas, como o da educação, saúde, transporte, comunicação, previdência, segurança, alimentação, produção, reprodução, etc.

Estabelecida esta posição pedagógica necessária, pode-se afirmar que o indivíduo está cercado, por todos os lados, pelos institutos sociais, os quais necessita observar e obedecer, pois precisa viver nesta mesma sociedade. Por outro lado, este mesmo indivíduo tem vontades, desejos e aspirações que lança contra a sociedade, isto é, contra os institutos sociais, que, na primeira hipótese, os acolhe e aceita. Neste caso, o agente se realiza — advém a realização; no segundo, a sociedade não aceita e devolve, ao agente, os seus desejos, suas vontades e suas aspirações, levando à frustração. Desta maneira, a distância entre a realização e a frustração é infinita, pois no primeiro momento o indivíduo recebeu o desejado estímulo e no segundo foi-lhe negado.

Os introvertidos, por não terem tão ampliados os seus estímulos de pedirem ao social, ou cercar os institutos sociais, são menos frustrados do que os extrovertidos que, além da quantidade, exigem maior qualidade de estímulos dos institutos sociais. Estas qualidades e quantidades, dentro do sistema de valores atribuídos por cada uma das sociedades ou comunidades de modo singular e específico, dão a dimensão da sua complexidade. Ao mesmo tempo são determinantes dos traços psicológicos e caracterológicos básicos de cada indivíduo, comunidade e sociedade, obedecidos os aspectos culturais, o que infere concluir que não existem, em todo o planeta, dois tipos de sociedades integralmente iguais, como também não são encontradas duas pessoas integralmente iguais. São todas subordinadas à sua cultura, numa sobredeterminação ideológica.

O grau de influência dos traços caracterológicos e das especificidades da marca pessoal está vinculado aos aspectos ecológicos, políticos, econômicos e culturais da sociedade, representados pelos institutos sociais simples ou complexos, que lhe dão a dimensão da comunicação, na construção holística da *sociopsicopedagogia*.

O nível de comunicação do indivíduo está vinculado igualmente ao volume de abstrações que pode fazer à base cognitiva; há pessoas que somente sabem observar o real, sem nele se aprofundar; outras observam o real, analisam e sintetizam-no, fazendo analogias e apologias com outros reais. O real é infinito e sua apropriação depende de três fatores: cultura, nível de escolaridade e capacidade de fazer abstrações. Somente para exemplificar, um índio vê o trabalho como elemento único à sua manutenção cotidiana, enquanto o urbanizado necessita dele para viver numa sociedade complexa e difusa. Por outro lado, tanto o índio como o urbanizado estão fechados dentro de suas psique, cultura e realidade singulares, estas a nível individual, porquanto existem realidades diferentes que se superpõem, dividem, diversificam, somam, multiplicam, conflitam e antagonizam.

O entendimento e a percepção de cada agregado humano do mundo fenomenal não estão vinculados, unicamente, aos aspectos subjetivos, mas, principalmente, aos institutos sociais que cercam o homem, e por meio do psíquico de cada ator no seu holismo interior, o qual é formado por inúmeros desdobramentos, todos probabilísticos, dentro de si mesmos.

Todos os processos de aumento no nível comunicativo implicam automaticamente no mesmo nível de condicionamento aos institutos sociais, gerando a consciência coletiva, isto é, ampliando a base da pessoalidade de poucos, que envolvem os demais, normalmente designados os primeiros como líderes e os segundos como liderados, aqueles chamados de público, estes de multidão, o que infere dizer que público é aquele indivíduo que tem o SELF, isto é, sua autodeterminação, confiança, análise, defesa, crítica, estima, consciência, etc., enquanto a multidão não é quantidade de pessoas, mas sim qualidade, que tem o SELF limitado, sendo guiado pelo SELF do público. Esta dicotomia — público e multidão — igualmente caracteriza comunicação, porquanto encontra seu constructo na evolução individual que, na sua soma, forma a evolução social, dando complexidade cada vez maior aos institutos sociais.

No entendimento deste núcleo epistemológico é que se pode entender a razão do existir de indivíduos diferenciados, sociedades distintas e ideologias antagônicas, pois são formados por fenomenologias interpessoal e social, sobredeterminadas pelas determinações psicológicas e sociais. Estas determinações são de natureza objetiva e subjetiva, num quadro em que as primeiras são passíveis de formar símbolos, enquanto nas segundas esta possibilidade não é pertinente.

O exemplo ilustra a afirmação: se eu falo "casa", *alter* entende que a palavra significa o lar, a habitação, a moradia, local onde vive a família, porquanto conseguiu reduzi-la a um símbolo seu conhecido. Não interessa a forma — se uma casa modesta, um casebre, uma mansão, um palácio, um apartamento. O importante é que conseguiu formar e compor um símbolo que lhe permitiu a comunicação. Subjetividade é totalmente diferente, pois *alter* não consegue dar valor de símbolo ao enunciado, como, por exemplo, na palavra epistemologia — teoria do conhecimento — e, muitos, talvez a maioria, não conhecem e nunca ouviram falar nesta palavra. Assim, a neutralidade axiológica não existe, e nunca é demais afirmar que a ideologia permeia a teoria científica. Assim como a cultura, os comportamentos individuais e coletivos são de naturezas objetiva e subjetiva, como a física é, integralmente, objetiva e a metafísica, subjetiva.

Feita e desenhada a base, pode *ego*, a partir da subjetividade que lhe é possível e pertinente absorver, fazer introspecção e reflexão que o leve à objetividade. Com isto, a partir do mundo metafísico, pode chegar ao físico e explicar as relações de causas e efeitos entre os diversos fenômenos que se desenvolvem, fecundam, alternam nos continentes da natureza, do psíquico e do social. Esta produção é possível para os trabalhadores intelectuais que, dentro de um movimento específico — nega-se o princípio do tempo —, apropriam-se do real e o desenham de maneira evolutiva diferente, impondo sua lógica e o seu conhecer para *alter*; para alguns autores, este desconhecer e não querer conhecer ou conhecer de modo diferente chama-se alienação.

Fazer introspecção e reflexão não é tarefa simples, pois é necessário conhecer o real, analisá-lo, relacioná-lo, correlacioná-lo e sintetizá-lo, não só pela essência, mas, fundamentalmente, pela estética, esta como a área e região da percepção e sensação humanas, em contraste com o domínio mais rarefeito do pensamento não formal, mesmo que conceitual.

No aspecto da caracterologia, surgem, a partir dos elementos paramétricos mencionados, os traços da personalidade introvertida e extrovertida. Os introvertidos são normalmente públicos, quietos, profundos, pensadores, analíticos, mas encontram no social, principalmente no ocidente, problemas, porquanto são marginalizados, com dificuldades à mobilidade e à estratificação. Os extrovertidos, maioria, movimentam o social, dando-lhe mutações, forma e calor, mas são geralmente protagonistas de condutas coletivas, bailando entre os institutos sociais, enquanto os introvertidos fazem introspecção e reflexão sobre os mesmos institutos. O continente social — o econômico e o político — é o mundo dos extrovertidos, mas são os introvertidos que impõem a lógica e fixam os parâmetros culturais evolutivos. A percepção do extrovertido é efêmera e volúvel, enquanto a do intervertido é consistente e profunda. Contudo, estes tipos de personalidade não podem ser radicalizados, ou seja, não existem extrovertidos e introvertidos de maneira absoluta ou contraditória, porquanto, dependendo do momento e da conjuntura, dentro dos parâmetros locacionais, um extrovertido pode-se transformar no maior introvertido, como o oposto também é pertinente.

No momento, o que importa nuclearmente é a intensidade social, elemento de cunho subjetivo sem o qual o homem não pode viver; se houver exagero, poderá levá-lo à loucura, e se a retirar, o sujeito morrerá.

A intensidade social é o volume de comunicações que cada agente pode absorver num determinado movimento e é expresso pelos sentidos do tato, olfato, visão, audição e paladar. Sabe-se que todo o humano, em todas as sociedades, tem limites de comunicação, isto é, não é possível nem pertinente transmiti-las além das condições psicopedagógicas de cada *alter*. Na conjuntura observada, o importante são as relações sociais mescladas com as ações sociais dos agentes, incorporadas no todo. Nesta posição, toda conduta observável do introvertido é mais elástica do que a do extrovertido e, no confronto, o extrovertido aparenta maior esperteza, dinamismo, carisma, o que lhe incorpora maiores gratificações sociais possíveis, como melhor posição e prestígio. O introvertido conhece melhor seu mundo interior e dele parte para fecundar sua percepção e pensamento.

Esta análise permite concluir que são os introvertidos os mais sujeitos ao ESTRESSE.

O Médico, principalmente o do Trabalho, bem como toda equipe da Saúde do Trabalhador, deve ter presente que o trabalhador, tanto proprietário, gestor ou operário, independentemente do nível mental, intelectual e de escolaridade, tem seus *bias* culturais que lhe dão o arcabouço de seu agir e sentir que, em certas ocasiões, o são de maneira coletiva. O espaço invisível psicológico, quando rompido, aliado às pressões no e do trabalho, e a personalidade introvertida e extrovertida de *ego* devem merecer cuidado especialíssimo, porquanto são indutores de estresse que, progressivamente, caminha para a fadiga física, mental e social, provocando, em continuidade, o embotamento ou esgotamento mental, e que canaliza, em grau maior, na depressão. Este caminho não necessita ser integralmente percorrido pelo agente para que os problemas no trabalho e no trabalhador apareçam. Basta o primeiro — estresse — e já começam os acidentes, a falta ao trabalho, o desinteresse, a pouca produtividade, e assim sucessivamente.

Os elementos abaixo apresentam, de modo amplo, as possibilidades de orientar o diagnóstico e fixam, entre outros que podem ser incorporados, a prevenção:

1. Como foi rompido o espaço invisível psicológico e o grau de pressão a que o trabalhador está submetido, aliado ao seu comportamento: calmo/indolente, energizado/tranquilo ou tenso/agitado. Nestes três tipos, incorpora-se a personalidade — introvertida e extrovertida — e parte-se para o estudo do caso:

1.1. O relacionamento com as chefias superiores;

1.2. O nível de comunicação horizontal e vertical existente na empresa;

1.3. O posicionamento e grau de influência nos sindicatos e nos demais órgãos de classe;

1.4. A possibilidade de crescimento mecânico e orgânico dentro da empresa;

1.5. O salário atual e perspectivas no futuro;

1.6. As condições físicas e sociais no ambiente de trabalho;

1.7. A influência dos colegas e do chefe imediato na quantidade e qualidade do trabalho;

1.8. A repercussão de seu trabalho fora da empresa;

1.9. O período em que as tarefas e os encargos exigem modificação ou alteração;

1.10. O grau de modificações ou alterações dos procedimentos produtivos;

1.11. A periodicidade em que as normas internas e a legislação afetam as diversas rotinas;

1.12. O local de trabalho específico onde desenvolve o seu trabalho, quanto à forma arquitetônica, decoração pessoal, exclusividade ou multiplicidade, grau de higiene, etc.;

1.13. A alternância das chefias superiores, dos iguais ou dos subordinados;

1.14. A política de pessoal da empresa;

1.15. O tamanho da família e do círculo de convivência relacionado com o salário;

1.16. O nível de escolaridade e o grau de abstração, relacionados com a família e o círculo de amizade;

1.17. Os meios de transporte — coletivo ou individual — para a locomoção ao trabalho, lazer e recreação;

1.18. A procedência, quanto à naturalidade e nacionalidade, e a incorporação ou não da cultura local;

1.19. O nível de realização ou frustração quanto ao ambiente familiar e do trabalho;

1.20. A necessidade de reconhecimento perante a família, o grupo de convivência e do ambiente de trabalho;

1.21. A estabilidade funcional, salarial e emocional;

1.22. A necessidade de estímulos e de intensidade sociais crescentes;

1.23. O grau de persistência e independência; e,

1.24. A necessidade de estratificação e mobilidade.

Diante do exposto, chega-se à conclusão de que o estudo da antropologia cultural é muito importante na análise dos agentes estressantes para o diagnóstico e a prevenção do estresse.

5.3. Diagnóstico do estresse

Alguns indicadores podem ajudar na detecção dos primeiros sinais do aparecimento do estresse, dentre os quais são listados:

- queda de eficiência;
- ausência frequente ao trabalho;
- insegurança nas decisões;
- protelação na tomada de decisão;
- sobrecarga voluntária de trabalho;
- se fumante, aumento no consumo de cigarros;
- uso de tranquilizantes;

- abuso na utilização de remédios em geral;
- aparecimento de doenças dos mais diversos tipos;
- frequência constante ao ambulatório médico com queixas vagas; e
- leitura de livros de autoajuda.

Para a caracterização dos agentes estressantes, o Médico do Trabalho deverá utilizar todos os recursos conhecidos e tecnicamente válidos, desde as avaliações ambiental e organizacional, até testes psicológicos individuais, estando, neste caso, em estreito contato com o psicólogo empresarial, pois só desta maneira conseguirá fazer o diagnóstico correto do estresse. Assim procedendo, terá as condições para propor os métodos adequados de prevenção, evitando maiores prejuízos para os trabalhadores e os empregadores.

Dentre os autores compulsados, foram conseguidos dados para propor o modelo para o diagnóstico do estresse, embora existam outros esquemas que poderão ser utilizados como alternativa.

O modelo proposto é o seguinte:

1ª Etapa — Entrevista de Acompanhamento:

a) Questionário planejado e aplicado pelo departamento de recursos humanos.

2ª Etapa — Identificação dos Fatores de Contexto:

a) Questionário organizado e aplicado pelo serviço social da organização.

3ª Etapa — Identificação dos Fatores ou Agentes do Ambiente de Trabalho:

a) Questionário organizado e aplicado pelo sociólogo da empresa;

b) Questionário ou "check-list" organizado e aplicado pela engenharia de segurança do trabalho para caracterização dos agentes agressivos nos ambientes de trabalho.

4ª Etapa — Identificação dos Fatores de Vulnerabilidade:

a) Testes de personalidade organizados e aplicados pelo psicólogo empresarial.

5ª Etapa — Análise das Estatísticas do Serviço de Saúde do Trabalhador:

a) Os dados são retirados dos prontuários médicos dos trabalhadores pelos médicos do trabalho e enfermeiros do trabalho, dentre os quais são analisados:

— absenteísmo geral;

— absenteísmo por doença;

— acidentes do trabalho;

— atendimentos no ambulatório médico da empresa.

De posse das informações das etapas anteriores fornecidas pela equipe multiprofissional, o Médico do Trabalho estará em condições de diagnosticar os casos de estresse, quando poderá propor a técnica de prevenção mais condizente possível, evitando gastos desnecessários em tratamentos prolongados.

5.4. Prevenção do estresse

Há, quanto à prevenção, inúmeras técnicas, com as quais a pessoa pode ser orientada para eliminar ou reduzir o estresse e as causas posteriores a que estiver submetida, uma vez identificado o fato que os está produzindo, segundo o quadro de referências e os itens do diagnóstico referidos neste capítulo.

O primeiro conflito surge entre o que DIZ e o que FAZ, ou seja, entre o dizer e o fazer, que assumem uma dialética comportamental: 1) ele pode ser favorável ou desfavorável ao agente; 2) pode ser favorável ou desfavorável a outras pessoas e 3) pode alterar os resultados das metas a serem atingidas. A melhor das técnicas para este tipo de conflito é a POSITIVIDADE, isto é, o agente dizer aquilo que realmente fez, está fazendo ou fará, usando naturalmente todas as habilidades que a vida gregária, ou seja, a vida em sociedade, impõe a seus hóspedes e participantes. Esta habilidade é necessária porque *alter* não quer saber o que *ego* pensa ou faz, mas se *ego* pensa e faz como ele — *alter* — quer que seja pensado e feito. Atenuada a positividade com a habilidade, o agente se vê liberto de pressões e tem mantido o seu espaço invisível psicológico, não caindo no extremo oposto que é a mentira, fomentadora das contradições em cadeia e a desclassificação do *ego*. A positividade é forma não manifesta na sociedade hodierna, onde somente nove por cento das pessoas conseguem realizá-la de maneira completa; cinquenta e dois por cento oscilam entre a positividade mediana e trinta e nove por cento não a conseguem, estes normalmente angustiados e, com poucas exceções, portadores de doenças cardiovasculares, pois não sabem dizer "não".

O segundo conflito é o FAZER/FAZER, ou seja, o agente é o *totum*, isto é: ele é o centro do engendramento ativo; nada pode ser produzido ou feito sem ele e ele é imprescindível na criação. A técnica para este tipo é solucionável de maneira dual: 1) o agente necessita incorporar a DIVISIBILIDADE, que nada mais é do que apanhar o todo de seu trabalho e resolver cada um dos itens em momentos adequados e próprios, não podendo solucionar de uma só vez. Cada etapa deve ter seu momento específico para fecundar a etapa sequente, a fim de que haja harmonia, constância e lógica; 2) a partir desta, encetar a segunda e assim sucessivamente. Neste exercício, terá consciência de que não é o "centro", como ninguém o é, mas sim peça de um todo; verá que, se for centro, seu trabalho não terá divisibilidade, mas entrará em fragmentação, e surgirão agentes ativos que com ele serão partilharão o todo.

O terceiro conflito é o ATAQUE/FUGA, este traduzido quando o espaço invisível psicológico foi invadido e o agente se encontra numa situação desesperadora. A técnica de solução é a PASSIVIDADE, ou seja, o pensar e agir, da melhor forma possível, mas também dentro de menor tempo possível, porquanto o conflito pode ter aspectos diversos: 1) o indivíduo é assaltado em plena via pública, sujeito, inclusive, à morte. Neste rompimento de espaço, *ego* pode ficar congelado, imóvel, pois pernas e boca ficam trêmulas e secas respectivamente, e ainda, se existirem condições, conversar para sair da maneira menos traumática; 2) o indivíduo chega ao local de trabalho e encontra o chefe imediato bravo, cobradores impacientes esperando receber seus créditos, indagações de por que o projeto ainda não ficou pronto e assim sucessivamente. Estas duas situações ilustram as "n" que ocorrem com cada cidadão no seu cotidiano, que nada mais são do que o rompimento do espaço e a preparação para o ataque e a fuga, pendente igualmente da personalidade/comportamento — agressivo, inseguro, passivo ou positivo.

Cada agente, sabendo qual a sua personalidade/comportamento, pode flexionar a passividade singular mediante a temporização, que é parte da consciência mental com a passagem do tempo.

São quatro os elementos que permitem desenvolver a POSITIVIDADE, DIVISIBILIDADE e PASSIVIDADE:

1) Proteger-se de pessoas física, mental, social, ética, moral ou esteticamente agressivas pelo processo do entendimento. São pessoas que pensam e julgam que *alter* não entende o que elas querem simbolizar. Assim, importante é assegurar que este entendimento é completo.

2) Discordar, não pelo prazer do contraditório, mas para colocar a lógica e personalidade, expressando as dúvidas de formas construtivas, fazendo diferença entre opinião e fato, mudando de opinião pelos fatos e pelas evidências.

3) Se houver necessidade de recusar um pedido, fazê-lo de modo sintético, mas sempre o justificando. Uma justificativa longa leva invariavelmente à incoerência.

4) O elogio e a crítica não podem ser feitos de modo genérico, mas sim específico. Ninguém é perfeito, como também ninguém é tão generalista que tudo conhece e contempla.

Com todas estas premissas em mente, podem-se fixar parâmetros adequados para a correta prevenção do estresse, embora cada pessoa seja um ser único e indivisível, mas poderá beneficiar-se do programa a ser exposto.

O primeiro passo a ser desenvolvido é o relacionado com a estrutura psíquica individual, a qual deverá ser reforçada para tolerar, superar ou se adaptar às exigências cada vez maiores dos tempos atuais, ou seja:

a) reavaliação dos programas de vida;

b) esclarecimento dos limites toleráveis de tensão;

c) ação positiva no enfrentamento de problema vivencial; e

d) investimentos em outros componentes da personalidade, que não só o profissional e o financeiro.

Neste primeiro passo, poder-se-á utilizar programas individuais e coletivos para solucionar os casos já existentes, por meio de palestras coletivas e entrevistas individuais sobre o estresse, agentes estressantes e técnicas de prevenção.

Como segundo passo, orientar, coletivamente, como serão utilizadas outras técnicas de prevenção, tais como: folhetos, aulas, conferências e cursos para pequenos grupos (previamente selecionados).

Num terceiro passo, serão usados outros métodos de prevenção indireta, como: ginástica de academia, meditação, *psicocibernética* (esta técnica foi cunhada pelo Psicólogo Maxwell Maltz, partindo do pressuposto que de forma Cibernética a mente pode ser guiada para um objetivo produtivo e útil, buscando a autorrealização do ser humano, pois pessoas dominadas por sentimentos negativos, provavelmente, perderão a orientação, desviando-se do rumo certo) e outros métodos, tais como: caminhadas, *jogging*, etc.

Com todas estas orientações, poder-se-á ter certeza de que muito se pode fazer para a manutenção de um nível adequado de satisfação no trabalho, beneficiando tanto o empregado como o empregador. É importante frisar que não existe um método infalível, mas sim a combinação de várias técnicas, as quais bem orientadas trarão benefícios duradouros. Enfatiza-se que o primeiro passo é o mais importante na prevenção do estresse.

5.5. Considerações finais

Do exposto nesta obra, conclui-se que os profissionais da saúde precisarão possuir conhecimentos sólidos sobre fisiologia, psicologia, sociologia e antropologia do trabalho. Ao mesmo tempo, devem estar em estreita relação com a medicina em geral, para diagnosticar corretamente a existência do estresse e orientar a prevenção, com segurança e técnica adequadas, pois muitos programas não são bem-sucedidos em função da utilização de métodos inadequados por inexperiência profissional, na maioria.

Capítulo 6

ATIVIDADE FÍSICA

PARTE 1 — EXERCÍCIOS FÍSICOS

Fala-se, muitas vezes, em exercício físico e sua importância para a manutenção do peso corporal ideal e de ótimas condições de saúde, mas não se aprofunda em informações adequadas às pessoas em geral. Nas regiões sul e sudeste do Brasil, praticam-se mais atividades físicas, embora os dados não sejam analisados com mais rigor, pois as preocupações estão mais focadas nas atividades laborais. Manter-se ativo é receita de qualidade de vida.

Os principais benefícios de uma prática regular de atividades físicas são:

- Redução da pressão arterial;
- Melhora da resistência insulínica;
- Melhora da força muscular e da mobilidade articular;
- Controle do peso corporal;
- Melhora do perfil lipídico;
- Maior condicionamento físico;
- Aumento da autoestima;
- Melhora no bem-estar geral, alívio do estresse e redução da depressão; e
- Manutenção da autonomia com melhora nas relações interpessoais.

Como complementação, detalharei um pouco mais quanto às informações relacionadas com a atividade física para que o trabalho fique mais completo, embora não esgote o assunto.

Se a meta da pessoa for a de perder peso, deverá reduzir a ingestão de Calorias, controlando a quantidade de comida e bebida alcoólica que consome, para que o organismo receba menos energia do que necessita, quando estiver desenvolvendo atividade física. Somente assim o organismo será forçado a usar suas reservas de gordura.

O segredo para gostar do exercício físico é relativamente simples. Segundo Cooper (1985), em primeiro lugar, é importante entender que tipo de exercício lhe agrada e presta a maior contribuição para o seu bem-estar total. Normalmente a resposta é: exercício aeróbico, isto é, aquele que aumenta a oxigenação dos tecidos. Em segundo lugar, deve-se escolher aquela atividade aeróbica que mais lhe interessa — a qual seja capaz de praticar pelo resto da vida.

Na elaboração de um programa de exercícios físicos, que irá satisfazer a necessidade pessoal, deve-se seguir as quatro etapas fundamentais, que são:

1ª etapa — Exame Médico Prévio

A primeira recomendação que deve ser enfatizada é a da realização de um exame médico prévio, para que o exercício indiscriminado não seja um instrumento de lesões do corpo e do espírito. Este exame médico deverá ser o mais completo possível, desde o exame clínico até os exames complementares, como eletrocardiograma, teste ergométrico de esforço, alguns exames laboratoriais, tudo dependerá do médico assistente e das condições individuais de cada um. Em Florianópolis/SC, a Vigilância Sanitária está exigindo que todas as academias de ginástica realizem exame médico de seus praticantes, antes do início das atividades físicas, medida esta muito oportuna, pois assim a pessoa saberá como está clinicamente para a prática de exercícios físicos.

Uma vez por ano é aconselhável que o praticante de atividades físicas faça um exame periódico para reavaliar suas condições de saúde.

2ª etapa — Programação das Atividades Físicas

Esta recomendação poderá ser planejada pelo professor de Educação Física, quando estiver fazendo ginástica em academia ou, então, quando comprar o livro *O programa aeróbico para o bem-estar total*, do Dr. Kenneth H. Cooper, o qual servirá de guia para a prática de atividades físicas individuais. Agora, a melhor alternativa é a de fazer os exercícios físicos em uma academia de ginástica sob orientação de um professor de Educação Física, que é o profissional que acompanha as atividades físicas do praticante, fornecendo as orientações adequadas.

3ª etapa — Escolha do Exercício Aeróbico Básico e do Material Desportivo Adequado

A atividade aeróbica que a pessoa escolher deverá ter duas características primordiais: 1ª) proporcionar exercício suficiente para permitir que o corpo funcione nas proximidades da meta de ritmo cardíaco durante pelo menos 30 a 40 minutos e 2ª) deve ser uma atividade que interesse a ponto de continuar sua prática durante muitos anos e, de preferência, pelo resto da sua vida.

Importância primordial deve ser dedicada ao equipamento ou material necessário, desde o tênis até a sunga, pois o uso adequado da vestimenta prevenirá uma série de aborrecimentos que aparecerão se a pessoa se descuidar.

4ª etapa — Prática Regular do Programa Aeróbico Planejado

Qualquer programa de condicionamento aeróbico eficiente deverá obedecer à orientação técnica adequada, ou seja:

a) Aquecimento — Esta fase é importante para a prevenção de dores musculares, além de distensões musculares ou torções. O organismo fica preparado para a continuidade da atividade física.

b) Fase aeróbica — Nesta fase, realiza-se a atividade física escolhida e a que mais benefícios pode trazer para o praticante. Ela deve ser regular para ser benéfica.

c) Esfriamento ou volta à calma — É a fase de repouso ativo.

d) Ginástica calistênica ou treinamento com peso — Esta fase da sessão de exercício deve durar no mínimo 10 minutos; envolve atividades de musculação e aumento da flexibilidade.

Se forem escolhidas as atividades adequadas para o organismo, você estará desenvolvendo o segredo de ter prazer no exercício e, com isto, estará mantendo o seu peso ideal, bem como a saúde adequada será proporcionada.

Ao completar, gostaria de citar uma declaração que encontrei alhures: "como diz a Bíblia, o corpo humano foi destinado a durar 120 anos". O motivo pelo qual não dura este tempo não é uma deficiência de constituição, mas a maneira pela qual ele é tratado.

O condicionamento físico não tem a intenção de transformar a pessoa em superatleta, mas a de mantê-la em forma para resistir à possibilidade, ao delírio dos vícios e à voracidade do tempo.

Algumas dicas de um experiente praticante de ginástica há muitos anos, que é o caso do autor deste livro, são:

• Os exercícios abdominais devem ser feitos sempre com as pernas dobradas;

• O alongamento deve ser feito antes e após a atividade física;

• O *jogging* e a caminhada devem ser praticados três vezes por semana, no mínimo, mas o praticante precisa estar usando tênis adequado para a atividade, o qual deve ter tecnologia própria para absorver impacto e ser dotado de um bom acolchoamento. É importante a postura correta para estes tipos de exercícios, pois, se for usada a ponta do pé para ganhar velocidade, aparecerão as lesões em pouco tempo de atividades físicas. Tênis velho e de qualidade duvidosa é inimigo do praticante destas atividades físicas. Outro conselho é quanto à roupa; recomenda-se, pois, tecidos leves, confortáveis e que não incomodem durante a execução das atividades físicas. Para as mulheres, em especial, tem um detalhe importante, que é dar sustentação aos seios, sendo muitas vezes necessário usar um bustiê;

• Exercícios de resistência feitos com peso para aumentar a força, bem como para tonificar e definir os músculos, devem ser orientados por médico especializado em Medicina Desportiva e supervisionados por professor de Educação Física, pois a sobrecarga provoca lesões microscópicas das fibras musculares, gerando tendinites, câimbras, dores localizadas e até lesões mais sérias, como rompimento de tendões;

• A hidroginástica, que é a aula feita na água, recomendada para todas as pessoas, de sedentários a idosos, passando por obesos e gestantes, é atividade física de baixo impacto, mas o praticante não deve usar excesso de carga nas caneleiras e luvas;

• O início das atividades físicas deve ser gradual e de acordo com a sua capacidade física. Desta maneira, estas atividades físicas não serão problemáticas para você. Pelo contrário, se você souber aproveitar este momento, as atividades físicas serão fontes de prazer, pois serão agradáveis e prazerosas;

• Mantenha os exercícios físicos em horários fixos, para que eles se tornem um hábito, pois isto fará com que você sinta falta deles no dia em que não os praticar. Escolha um exercício físico com o qual você sinta prazer e que se encaixe na sua agenda de compromissos;

• Durante a prática de atividades físicas, a temperatura corporal aumenta, fazendo com que o organismo perca água e sais minerais. Diante disto, não esqueça de se manter hidratado antes, durante e depois dos exercícios.

Estarei disponibilizando alguns dados sobre peso corporal para que o praticante de atividades físicas possa usá-los quando sentir necessidade.

PARTE 2 — PESO CORPORAL IDEAL

O conceito de peso corporal ideal não é fácil de ser determinado, pois varia de acordo com o modismo de cada época, embora do ponto de vista fisiológico seja mais consistente quando se utilizam parâmetros bem especificados como: idade, sexo, altura e constituição óssea.

Como afirma Fioravanti (1962. p. 36), "não faz ainda 20 anos e um desses manequins franceses que encabeçam as colunas do Society Internacional, ou que provocam a imaginação das jovens, que sonham com príncipes das Arábias, seria considerado doente incurável. Por outro lado uma jovem gordinha, com dezenas de polegadas a mais, aqui ou acolá, faria remoer de inveja as amigas delgadas". Nessa afirmativa encontramos espelhado o modismo de uma geração, bem como as preferências individuais que são muito importantes quando é analisado o psiquismo das pessoas. Esta afirmativa é dos anos 60 do século passado, sendo que hoje em dia o modismo é outro — a magreza.

Levando-se em consideração estas e outras ponderações que se encontram relatadas na literatura médica, podem-se traçar normas práticas para a determinação do peso corporal ideal, desde que sejam observadas as peculiaridades individuais.

a) Peso corporal ideal para o sexo feminino

Para chegarmos ao peso corporal ideal, inicialmente, deve-se determinar o peso básico e, posteriormente, em confronto com a constituição óssea e a idade da pessoa, construir uma tabela do peso corporal ideal. Felizmente esta tabela já está disponível e foi publicada pela *Metropolitan Life Insurance Company*, em 1943, permanecendo válida até a presente data.

A regra prática para a determinação do peso ideal, fácil de ser recordada, é a seguinte:

Peso Básico = altura em centímetros - 110.

Este peso básico sofrerá influência da idade e da constituição óssea, conforme se observa na tabela abaixo.

Antes de consultar a tabela, é importante que a mulher brasileira tenha em mente que possui uma ossatura mais densa que a da americana. Este fato dificulta o seguimento à risca das informações ali apresentadas, pois o seu peso pode ser um pouco maior do que o expresso na tabela. Deverá usar o bom-senso para não se frustrar perante os dados ali apresentados.

TABELA DO PESO CORPORAL IDEAL
PARA O SEXO FEMININO (*)

IDADE	CONSTITUIÇÃO	PESO IDEAL
16 aos 20	Forte Média Fraca	Peso Básico Pb - 2 Pb - 4
21 aos 25	Forte Média Fraca	Pb + 2 Peso Básico Pb - 2
26 aos 30	Forte Média Fraca	Pb + 4 Pb + 2 Peso Básico
31 aos 40	Forte Média Fraca	Pb + 6 Pb + 4 Pb + 2
Depois dos 40 anos		Manter o peso até os 60 anos, depois emagrecer um ou dois quilos.

(*) Tabela baseada na da *Metropolitan Life Insurance Company*, em 1943, com modificações adaptáveis aos nossos hábitos, preponderantemente, latinos.

b) Peso corporal ideal para o sexo masculino

Encontram-se mais dificuldades para determinar o peso corporal ideal para o sexo masculino porque no homem a densidade das massas musculares é bastante variável, dependendo da atividade física e da nutrição de cada um. Mesmo assim, quando se confrontam diferentes tabelas, pode-se chegar a um consenso, principalmente se utilizar os dados da *Metropolitan Life Insurance Company*, adaptados aos hábitos, preponderantemente, latinos.

Uma maneira prática de determinar o peso corporal ideal de uma pessoa do sexo masculino é a seguinte:

Peso ideal = altura em centímetros - 100 ± 2,5 Kg.

A partir dos 30 anos de idade, pode-se utilizar a seguinte tabela:

TABELA DO PESO CORPORAL IDEAL PARA O SEXO MASCULINO DOS 30 ANOS EM DIANTE (*)

ALTURA	CONSTITUIÇÃO ÓSSEA E MUSCULAR	PESO MÉDIO IDEAL
1,65	Leve Média Forte	60 62,5 ± 2,5 Kg 65
1,70	Leve Média Forte	63,5 66 ± 2,5 Kg 68,5
1,75	Leve Média Forte	67,5 70 ± 2,5 Kg 72,5
1,80	Leve Média Forte	71,5 74 ± 2,5 Kg 76,5
1,85	Leve Média Forte	75,5 78 ± 2,5 Kg 80,5
1,90	Leve Média Forte	79,5 82 ± 2,5 Kg 84,5

(*) Tabela baseada na da *Metropolitan Life Insurance Company*, em 1943, com modificações adaptáveis aos nossos hábitos, preponderantemente, latinos.

Alerto para o fato de que estou apresentando, apenas, uma maneira prática para se determinar o peso corporal ideal, embora saiba que existem muitos fatores que interferem na sua determinação exata, os quais deixei de analisar em virtude da abrangência deste trabalho.

Outra maneira de se determinar o peso corporal ideal é a preconizada pela Organização Mundial da Saúde — OMS, que adota uma nova metodologia para a determinação do peso corporal, por meio do índice de massa corporal, como segue:

Saiba como está seu peso:

a) Fórmula – $Kg \div m^2$

  Kg = Peso atual

  m^2 = Altura ao quadrado

b) Pontos

menos de 20 (<20)	= Subnutrição (abaixo do peso)
de 20 a 25	= Peso normal
de 25 a 30	= Acima do peso (sobrepeso)
de 30 a 40	= Obesidade
Acima de 40 (>40)	= Obesidade grave

c) Exemplo

Homem com 91 Kg e 1,82 m de altura

• Multiplique a altura por ela mesma:

1,82 x 1,82 = 3,3124

• Divida o peso corporal atual pelo resultado obtido:

91 : 3,3124 = 27,472

• Ignore os três últimos números

• O índice obtido é: 27

Interpretação: segundo a Tabela da Organização Mundial da Saúde — OMS, este indivíduo está com sobrepeso ou acima do peso corporal ideal.

Seja qual for a maneira adotada para a determinação do peso corporal ideal, o importante é que se esteja bem consciente para não ultrapassar o peso corporal ideal, pois desta maneira a pessoa poderá estar correndo sérios riscos de prejudicar a sua saúde.

Na sequência, fornece-se a tabela para se calcular o peso ideal do homem e da mulher, quando ambos se pesam com as roupas do corpo e os sapatos.

PESO NORMAL DO HOMEM E DA MULHER ENTRE 15 E 55 ANOS E MAIS*

Idade em anos	Estatura em metros											
Homens	1,55	1,57	1,60	1,63	1,65	1,68	1,70	1,73	1,75	1,78	1,80	1,83	1,85
15	49,5	50,8	52,2	53,6	55,4	57,2	59,0	60,8	62,6	64,5	66,7	69,0	71,3
16	50,4	51,8	53,1	54,5	56,3	58,1	59,9	61,7	63,6	65,4	67,6	69,9	72,2
17	51,3	52,7	54,0	55,4	57,2	59,0	60,8	62,6	64,5	66,3	68,6	70,8	73,1
18	52,2	53,6	54,9	56,3	58,1	59,0	61,7	63,5	65,4	67,2	69,5	71,7	74,0
19	53,1	54,4	55,8	57,2	59,0	60,8	62,7	64,5	66,3	68,1	70,4	72,6	74,9
20	54,0	55,4	56,7	58,1	59,9	61,7	63,6	65,4	67,2	69,0	70,8	73,1	75,4
21	54,5	55,8	57,2	59,0	60,8	62,7	64,0	65,8	67,7	69,5	71,3	73,5	75,8
22	54,9	56,3	57,7	59,5	61,3	63,1	64,5	66,3	68,1	69,9	71,7	74,0	76,3
23	55,4	56,7	58,1	59,9	61,7	63,6	64,9	66,7	68,6	70,4	72,2	74,5	76,7
24	55,8	57,2	58,6	60,4	62,2	64,0	65,4	67,2	69,0	70,8	72,6	74,9	77,6
25	56,3	57,2	58,6	60,4	62,2	64,0	65,8	67,6	69,5	71,3	73,5	75,8	78,5
30	58,1	59,0	60,4	61,7	63,6	65,4	67,2	69,0	70,8	73,1	75,4	78,0	80,8
35	59,0	59,9	61,3	62,7	64,5	66,3	68,1	70,4	72,6	74,9	77,2	79,9	82,6
40	60,4	61,3	62,7	64,0	65,8	67,6	69,5	71,7	74,0	76,3	79,0	81,7	84,4
45	61,3	62,2	63,6	64,9	66,7	68,6	70,4	72,6	74,9	77,2	79,9	82,6	85,4
50	61,7	62,7	64,0	65,4	67,2	69,0	70,8	73,0	75,4	77,6	80,4	83,1	86,3
55 e +	62,2	63,1	64,5	65,8	67,6	69,5	71,7	74,0	76,3	78,5	80,8	83,5	86,7
Mulheres	1,45	1,47	1,50	1,52	1,55	1,57	1,60	1,63	1,66	1,68	1,70	1,73	1,75
15	46,8	47,7	48,2	48,6	49,5	50,9	52,2	53,6	55,4	57,2	59,0	60,8	62,7
16	47,2	48,1	49,0	49,5	50,4	51,8	53,1	54,5	56,3	58,1	59,9	61,7	63,1
17	47,7	48,6	49,5	50,4	51,3	52,7	54,0	55,4	56,7	58,6	60,4	62,2	63,6
18	48,1	49,0	49,9	50,8	51,8	53,1	54,5	55,8	57,2	59,0	60,8	62,7	64,0
19	48,6	49,5	50,4	51,3	52,2	53,6	54,9	56,3	57,7	59,5	61,3	63,1	64,5
20	49,0	49,9	50,9	51,8	52,7	54,0	55,4	56,6	58,1	59,9	61,7	63,4	64,9
21	49,5	50,4	51,3	52,2	53,1	54,4	55,9	57,2	58,6	60,4	62,2	64,0	65,4
22	49,5	50,4	51,3	52,2	53,1	54,4	55,9	57,2	58,6	60,4	62,2	64,0	65,8
23	49,9	50,8	51,8	52,7	53,6	54,9	56,3	57,7	59,0	60,8	62,7	64,5	66,3
24	50,4	51,3	52,2	53,1	54,0	54,9	56,3	57,7	59,0	60,8	62,7	64,5	66,3
25	50,4	51,3	52,2	53,1	54,0	54,9	56,3	58,1	59,5	61,3	63,1	64,9	66,7
30	51,8	52,7	53,6	54,6	55,4	56,3	57,7	59,5	60,8	62,8	64,5	66,3	68,1
35	52,7	54,0	54,9	55,8	56,7	57,7	59,0	60,8	62,7	64,5	66,3	68,1	69,9
40	54,5	55,8	56,7	57,7	58,6	59,9	61,3	62,7	64,5	66,3	68,1	69,9	71,7
45	55,8	57,2	58,1	59,0	59,9	61,3	62,7	64,0	65,8	67,6	69,5	71,3	75,1
50	57,2	58,6	59,5	60,4	61,3	62,7	64,0	65,4	67,2	69,0	70,8	73,1	74,9
55 e +	57,2	58,6	59,5	60,4	61,3	62,7	64,0	65,4	67,2	69,5	71,7	74,0	75,8

* Extraído do estudo de 136.504 indivíduos realizado pela *Association of Life Insurance Directors and Actuarial Society of América*, New York; o peso inclui as vestes habituais (4,5 kg) e a altura dos sapatos (2,5 cm).

Capítulo 7

ENVELHECIMENTO COM QUALIDADE DE VIDA

O corpo humano, à semelhança do universo, precisa estar em total equilíbrio. Para isso, é preciso gozar de saúde física, mental, psíquica e emocional. Para promover a saúde e o bem-estar, é preciso garantir uma certa quantidade de exercícios físicos (atividade física) em condições adequadas, uma alimentação qualitativa e quantitativamente adequada e sono reparador para alívio das tensões e cargas a que o indivíduo está normalmente sujeito na vida cotidiana. Havendo excesso ou carência em algum destes, o sistema físico e/ou psicoemocional do indivíduo se desequilibra, o que compromete o bem-estar. Mas o bem-estar do indivíduo é de fundamental importância para a sua vida particular e para a sua capacidade para realizar trabalho.

Segundo Cooper (1972.), existem três necessidades humanas básicas que devem ser satisfeitas para se conseguir o equilíbrio total e, em consequência, o bem-estar total:

1. Exercício aeróbico — Aeróbico significa viver no ar e/ou utilizar oxigênio. Assim sendo, a expressão exercícios aeróbicos refere-se às atividades que exigem oxigênio por períodos prolongados (tempos longos, pouca velocidade, esforço moderado), obrigando a um aumento da capacidade de oxigenação. Exercícios regulares deste tipo têm efeitos benéficos sobre o coração, os pulmões e o sistema vascular, pois geram: aumento da capacidade do corpo para movimentar o ar para dentro e para fora dos pulmões; aumento do volume total de sangue bombeado; melhoria da capacidade do sangue de transportar oxigênio. Além disso, atividade física regular e na quantidade certa ajuda a desenvolver ossos mais fortes, uma atitude mental mais positiva, melhor circulação sanguínea e maior proteção contra doenças cardíacas.

2. Hábitos alimentares adequados — O que inclui a determinação de quantidades e de qualidades dos alimentos de acordo com o consumo energético da vida diária.

3. Equilíbrio emocional — Pessoas expressam a necessidade de livrar-se da ansiedade e encontrar a solução para seus problemas emocionais. Os indivíduos preferem sentir-se descontraídos e felizes em relação à vida e possuir as reservas

de energia, que, às vezes, são desperdiçadas com o desequilíbrio emocional. Uma das consequências do desequilíbrio emocional é a perda do ímpeto de realizar algo, de sobressair. Às vezes, mais repouso, alimentação melhor e atividade física são suficientes para restabelecer o equilíbrio emocional.

O bem-estar total é uma condição que surge de um estado global de equilíbrio físico e psicoemocional na vida de uma pessoa. E pode-se falar em boa qualidade de vida quando a pessoa goza deste bem-estar total.

A qualidade de vida de uma pessoa e de seus dependentes depende, primordialmente, da qualidade de vida no trabalho desta pessoa. Para fundamentar isto, basta lembrar que:

• pelo menos um terço do dia é gasto no trabalho, além do tempo gasto no trajeto feito para ir ao trabalho e retornar; as condições em que é feito este trajeto também têm efeitos sobre a saúde e o bem-estar da pessoa;

• espera-se, hoje, que todos os trabalhadores sejam criativos e deem sugestões para a melhoria dos processos de trabalho e a diminuição da ineficiência; nestes casos, as pessoas sentem a pressão e levam os problemas consigo, na tentativa de criar alguma solução; a pressão em excesso leva ao estresse;

• no trabalho mais intelectual, que, muitas vezes, também é avaliado por quantidades, pressupondo-se um rendimento constante ao longo do tempo como na produção em série, é inevitável que o indivíduo leve os problemas consigo e se sinta pressionado a gerar soluções fora do ambiente de trabalho, para poder corresponder a essa exigência atroz;

• o indivíduo carrega consigo os seus problemas e suas dificuldades relacionadas com o trabalho, como, por exemplo, dificuldades de relacionamento com superiores, colegas e subalternos; se estas relações são ruins, desequilíbrio psicoemocional pode ser a consequência;

• a possibilidade de ter para si e seus dependentes uma alimentação qualitativa e quantitativamente adequada, bem como a satisfação de outras necessidades básicas, depende, essencialmente, do poder de compra, ou seja, do salário do trabalhador; a participação em atividades de lazer para redução de fadiga e do estresse, normalmente, também custa algo.

De acordo com Sell (1995. p. 177), a qualidade de vida do indivíduo também depende da qualidade de vida no trabalho, porque o trabalho assume papel central na vida da pessoa, chegando a definir os aspectos vitais, tais como *status* e identidade pessoal.

Sabiamente, o grego Aristóteles afirmou que a velhice não deveria ser entendida como doença, pois não é algo contrário à natureza. Modernamente, o envelhecimento humano é definido como um processo gradual, universal e irreversível, que se acelera na maturidade e que provoca uma perda funcional progressiva no organismo. É gradual, porque não se fica velho de uma semana para outra; se alguém perde os cabelos repentinamente ou deixa de ouvir bem de uma hora para outra, a causa certamente não é a velhice (talvez uma doença ou um estímulo do ambiente). É universal porque afeta todos os indivíduos de uma espécie de forma similar; e, apesar de toda propaganda em torno do rejuvenescimento, as evidências atuais indicam que o processo de envelhecimento pode ser acelerado ou desacelerado por fatores ambientais e comportamentais, mas não pode ser revertido. Os aspectos, aparentemente, associados ao envelhecimento, mas que não se encaixam no conceito acima, estão, provavelmente, relacionados a outros fatores, como doenças e inatividade, mas não com o processo natural de envelhecimento (NAHAS, 2001. p. 143).

Na atualidade, a ciência está mais preocupada com a qualidade de vida da pessoa, não se preocupando muito com os anos vividos. Preocupa-se muito com a eliminação do tabagismo e uso de outras drogas, incluindo a ingestão exagerada de bebidas alcoólicas, além da nutrição e da atividade física.

Os benefícios da atividade física são verificados em todas as fases da vida, mas na velhice devem ser mais enfatizados, pois a pessoa está mais fragilizada e, na maioria das vezes, esquece de sua prática rotineira.

Dentre os principais benefícios conseguidos pelas pessoas que praticam, regularmente, atividades físicas, encontram-se:

7.1. Benefícios fisiológicos

7.1.1. Benefícios imediatos

- Controle dos níveis de glicose sanguínea;
- Estímulo para ativação de adrenalina e noradrenalina;
- Melhor qualidade do sono.

7.1.2. Benefícios em médio prazo

- Maior eficiência e capacidade aeróbica;
- Diminuição de doenças cardiovasculares;
- Manutenção ou menor perda da massa muscular;
- Melhor nível geral de força muscular e resistência;

- Melhoria ou manutenção de níveis adequados de flexibilidade;

- Manutenção ou menor perda nos níveis de equilíbrio, coordenação e velocidade dos movimentos corporais.

7.2. Benefícios psicológicos

- Relaxamento geral;
- Redução nos níveis de ansiedade;
- Controle do estresse;
- Melhor estado de espírito.

7.3. Benefícios sociais

7.3.1. Benefícios imediatos

- Indivíduos idosos mais confiantes;
- Melhor integração social e cultural.

7.3.2. Benefícios em médio prazo

- Maior integração na comunidade;
- Funções sociais preservadas e, às vezes, ampliadas.

Quanto aos conselhos sobre a nutrição dos idosos, sigo as orientações preconizadas por Duarte; Guerra (2001. p. 105). Abaixo, transcrevo as tais recomendações:

A alimentação do idoso, com a finalidade de fornecer os nutrientes necessários à boa saúde e cumprir as funções orgânicas, deve conter todos os nutrimentos, nas quantidades certas.

1. Restrições alimentares com a finalidade de prevenir a arteriosclerose não têm sentido na velhice. Devemos evitar o agravamento de suas lesões.

2. A dieta normal, adaptada a cada pessoa, pode ser modificada para corrigir problemas específicos de enfermidades.

Siga sempre as orientações de seu médico ou nutricionista.

3. Leve sempre em consideração os seus hábitos alimentares. Não há necessidade de mudá-los. Adapte-os à sua condição de saúde. Coma o que gosta.

4. Verifique quais os alimentos que lhe fazem mal. Os alimentos que não produzem dificuldade digestiva ou metabólica podem ser ingeridos.

5. Procure corrigir erros alimentares. Varie os alimentos para prevenir a monotonia alimentar. Procure conhecer a composição dos alimentos. (Roda dos Alimentos)

6. Divida a alimentação diária em cinco ou seis refeições, pequenas, repetidas. Não coma até sentir-se estufado.

7. Não abuse do sal e do açúcar. Poderá provocar hipertensão ou obesidade. Evite o saleiro e o açucareiro.

8. Evite alimentos gordurosos: frituras, omeletes, pastéis, empadas, etc.

9. Caminhe. Tome bastante sol. Mantenha o convívio social. Caminhar faz respirar melhor. O sol vai ajudar na formação da vitamina D, indispensável na calcificação dos ossos, e na vitamina A, importantíssima para a formação da pele e das unhas e para a visão.

10. Tome água. Não exagere nas bebidas alcoólicas ou refrigerantes carbonatados. Tome pelo menos dois copos de água por dia.

Considerando a sociedade como um todo, nas comunidades onde as pessoas mais velhas são mais ativas fisicamente, pode-se esperar que se reduza o custo com cuidados de saúde e atendimento social, que melhore a participação e a produtividade das mesmas em atividades comunitárias e que haja uma percepção geral mais positiva da figura do indivíduo mais velho (NAHAS, 2001. p. 149).

O processo de envelhecimento faz parte da natureza humana, porém, como este acontece, depende da trajetória de vida de cada pessoa, isto é, do somatório biológico, psicológico e social do indivíduo. E, finalmente, o importante não deverá ser a identificação da velhice no país, mas despertar para uma ação conjunta e verdadeira, na qual o poder público e a sociedade civil encontrem maneiras de melhorar a condição de ser da velhice, por uma questão de civismo, de direito e de justiça.

REFERÊNCIAS BIBLIOGRÁFICAS

ADAMS, Martin; MOTARJEMI, Yasmine. *Segurança básica dos alimentos para profissionais de saúde*. São Paulo: Roca, 2002.

AMARAL, F. Pompêo do. *Coma e engorde*. 2. ed. São Paulo: Brasiliense, 1958.

ARROBA, Tanya; JAMES, Klim. *Pressão no trabalho*: stress: um guia de sobrevivência. São Paulo: McGraw-Hill, 1988.

BORBA, Alexandra Maria Neves de Lemos; WOLFF, Juliane H. *Guia prático das calorias*. Blumenau: Eko, 1999.

CATALDI, Maria José Giannela. *O stress no meio ambiente de trabalho*. São Paulo: LTr, 2000.

CHAVES, Nelson. *Nutrição básica e aplicada*. Rio de Janeiro: Guanabara-Koogan, 1978.

COOPER, Kenneth H. *O programa aeróbico para o bem-estar total*. Rio de Janeiro: Nórdica, 1985.

COSTA, Dante. *Tratado de nutrição*. Rio de Janeiro: Guanabara, 1947.

COSTA, Dante; MIRANDA NETO, Garcia de. Método prático para o cálculo de necessidades calóricas em dietas humanas. *Rev. Bras. Malariologia*, ano XIV, n. 3, 1962.

COUTINHO, Rui. *Noções de fisiologia da nutrição*. Rio de Janeiro: O Cruzeiro, 1966.

COUTO, Hudson de Araújo. Stress e *qualidade de vida do executivo*. Rio de Janeiro: COP, 1987.

_____. *Temas de saúde ocupacional* — Coletânea dos cadernos ERGO. Belo Horizonte: ERGO, 1987.

DUARTE, Luiz José Varo. *Saúde e nutrição:* maneira prática de manter ou recuperar o peso normal. Porto Alegre: Sulina, 1978.

DUARTE, Luiz José Varo; GUERRA, Regina Helena Duarte. *Nutrição e obesidade*. 2. ed. Porto Alegre: Artes e Ofícios, 2001.

FIORAVANTI, Irma. *Peso, amor e calorias*. Rio de Janeiro: Civilização Brasileira, 1962.

MAHAN, L. Kathleen ; ARLIN, Marian T. *Krause:* alimentos, nutrição e dietoterapia. 8. ed. São Paulo: Roca, 1995.

MELLO, A. da Silva. *Alimentação, instinto e cultura*. Rio de Janeiro: José Olympio, 1956. v. 2.

MURRAY, Robert K. *et al*. *Harper:* bioquímica. 8. ed. São Paulo: Atheneu, 1998.

NAHAS, Marcus Vinicius. *Atividade física, saúde e qualidade de vida:* conceitos e sugestões para um estilo de vida ativo. 2. ed. Londrina: Midiograf, 2001. 238 p.

OLIVEIRA, José Eduardo Dutra de; MARCHINI, J. Sérgio. *Ciências nutricionais*. São Paulo: Sarvier, 2000.

ORNELLAS, Lieselotte H. *Técnica dietética:* seleção e preparo de alimentos. 6. ed., ampl. e renovada. São Paulo: Atheneu, 1995.

PECOTCHE, Carlos Bernardo Gonzáles (RAUMSOL). *Curso de iniciação logosófica*. São Paulo: Logosófica, 1971.

PERCEGO, D. Análise crítica da nova proposta da pirâmide alimentar. *Rev. Nutrição* — Saúde & Performance. São Paulo, ano 4, n.15, jan./fev./mar. 2002.

PHILIPPI, Jane Maria de Souza. *A saúde dos estudantes:* uma abordagem em saúde pública. Blumenau: Nova Letra, 2009.

RIBEIRO, Alvaro; BOTELHO, Thalino. *Alimentação e bem-estar social:* alicerces e prática da alimentação racional. Rio de Janeiro: Tupy, 1951.

RIGAIL, Alberto A. *Salud e higiene del trabajo*. Guayaquil — Ecuador, 1995.

SALTOS, E. The food pyramid-food label connection. *U. S. Food and drug Administration*. 1996. Washington. Disponível em: <http://www.fda.gov/fdac/special/fooflabel/pyramid.html#dietary.html> Acesso em: 13 nov. 2002.

SANTOS, Osmar S. Almeida. *Ninguém morre de trabalhar* — o mito do *stress*. São Paulo: IBCB, 1988.

SELL, Ingeborg. Qualidade de vida e condições de trabalho. In: VIEIRA, Sebastião Ivone (Coord). *Medicina básica do trabalho*. Curitiba: Gênesis. 1995. v. 4.

SELYE, Hans. *Stress* — a tensão da vida. São Paulo: IBRASA, 1959.

SETTINERI, Luiz. *A alimentação do atleta*. 2. ed. Porto Alegre: Movimento, 1980.

TIRAPEGUI, Júlio. *Nutrição:* fundamentos e aspectos atuais. São Paulo: Atheneu, 2000.

TOFFLER, Alvin. *A terceira onda*. Rio de Janeiro: Record, 1981.

TUFTS UNIVERSITY. A modified food guide pyramid for people over 70 years. *Nutrition Commentator*. Boston, March 3 1999. Disponível em: <http://commentator.tufts.edu/arcive/nutrition/pyramid.html> Acesso em: 23 jan. 2003.

VIEIRA, Sebastião Ivone. *Dieta:* como calcular. 5. ed. Florianópolis: Mestra, 2004.

VIEIRA, Sebastião Ivone; PHILIPPI, Jane Maria de Souza; MICHELS, Glaycon. *Os grupos alimentares, a roda dos alimentos e a pirâmide alimentar*. Florianópolis: Mestra, 2003.

VIEIRA, Sebastião Ivone; MICHELS, Glaycon. *Guia de alimentação para a qualidade de vida do trabalhador*. São Paulo: LTr, 2004.

USDA. U. S. DEPARTMENT OF AGRICULTURE. The food guide pyramid. *USDA*. 1992. Washington. Disponível em: <http://www.nal.usda.gov/fric/Fpyr/pyramid.gif.html> Acesso em: 13 nov. 2002.

ANEXO ESPECIAL — TABELA 12
Composição química dos alimentos

A tabela assinala as quantidades de nutrientes contidas em 100 gramas de cada alimento.

ITEM n.	ALIMENTO	Caloria	Proteína grama	Gordura grama	Glicídio grama	Fibra grama	Água %
1	Abacate	167,0	2,1	16,4	6,3	1,6	73,6
2	Abacaxi	52,0	0,4	0,2	13,7	0,4	85,3
3	Abiu	95,0	2,1	1,1	22,0	3,0	71,8
4	Abóbora (moranga)	30,0	0,6	0,2	7,6	0,7	90,9
5	Abóbora verão madura	30,0	0,6	0,2	7,6	0,7	90,9
6	Abóbora inverno madura	35,0	1,7	0,2	8,1	0,9	89,1
7	Abobrinha verde c/ casca	24,0	1,0	0,2	5,5	0,4	92,9
8	Abricó	47,0	0,6	0,2	12,1	1,0	86,1
9	Acarajé	278,0	13,1	15,6	22,3	1,8	47,2
10	Açaí	247,0	3,8	12,2	36,6	16,9	30,5
11	Acelga	27,0	1,6	0,4	5,6	1,0	91,4
12	Açúcar granulado	384,0		0,0	99,1		0,9
13	Açúcar mascavo	373,0		0,0	96,4		3,6
14	Açúcar refinado	385,0		0,0	99,5		0,5
15	Agrião	22,0	2,8	0,4	3,3	1,1	92,4
16	Aguardente	231,0		0,0			100,0
17	Alcachofra	65,0	2,2	0,1	16,5	0,8	80,4
18	Alface-crespa	13,0	1,0	0,1	2,7	0,5	94,8
19	Alface lisa	15,0	1,3	0,2	2,9	0,7	94,9
20	Algas marinhas	48,0	1,8	0,2	11,5	0,5	86,0
21	Alho	137,0	6,2	0,2	30,8	1,5	61,3
22	Almeirão	20,0	1,7	0,2	4,1	0,9	93,1
23	Ameixa-amarela	47,0	0,6	0,2	11,9	0,4	87,3
24	Ameixa-preta seca	255,0	2,1	0,6	67,4	1,6	31,0

ITEM n.	ALIMENTO	Caloria	Proteína grama	Gordura grama	Glicídio grama	Fibra grama	Água %
25	Amêndoa	547,0	18,6	54,1	19,6	2,7	0,5
26	Amendoim cru c/ película	543,0	25,5	44,0	21,3	4,3	4,9
27	Amendoim cru s/ película	560,0	26,7	47,3	17,5	1,7	6,8
28	Amendoim torrado c/ película	572,0	26,5	46,7	22,0	3,4	1,4
29	Amendoim torrado s/ película	566,0	28,8	46,9	18,1	1,5	4,7
30	Amido arroz	351,0	0,5	0,2	87,0		12,3
31	Amido de milho (maisena)	357,0	0,6	0,2	85,6	0,4	13,2
32	Amora	53,0	1,7	0,4	12,2	0,9	84,8
33	Araçá	62,0	1,5	0,6	14,3	5,2	78,4
34	Araruta	125,0	1,7	0,2	29,5	2,0	66,6
35	Araticum	52,0	0,4	1,6	10,3	3,8	83,9
36	Arroz: integral	357,0	7,2	1,5	77,6	0,8	12,9
37	Arroz: polido cru	364,0	7,2	0,6	79,7	0,6	11,9
38	Arroz: polido cozido	109,0	2,0	0,1	24,2	0,1	73,6
39	Arroz: farinha	364,0	7,2	0,6	79,7	0,6	11,9
40	Aspargo	22,0	2,0	0,2	4,4	1,2	92,2
41	Aveia: grão	370,0	11,6	3,1	73,8	3,5	8,0
42	Aveia: farinha	390,0	14,2	7,4	68,2	1,2	9,0
43	Aveia: flocos	384,0	14,6	4,2	72,3	0,7	8,2
44	Avelã	647,0	10,8	63,2	19,8	2,3	3,9
45	Azedinha	21,0	1,5	0,3	4,1		94,1
46	Azeites	884,0		100,0			0,0
47	Azeitona (enlatada)	116,0	1,4	12,7	1,3	1,3	83,3
48	Babaçu	334,0	3,9	19,5	13,3		63,3
49	Bacon (curado)	631,0	9,1	65,0	1,6		24,3
50	Bacuri	105,0	1,9	2,0	22,8	7,4	65,9
51	Bambu (broto)	28,0	2,5	0,3	5,3	1,2	90,7
52	Banana-d'água	87,0	1,2	0,4	22,2	0,6	75,6
53	Banana-maçã	100,0	1,7	0,2	25,7	0,5	71,9
54	Banana-prata	89,0	1,3	0,3	22,8	0,4	75,2
55	Batata-inglesa: crua	76,0	2,1	0,1	17,1	0,5	80,2
56	Batata-inglesa: cozida	65,0	1,9	0,1	14,5	0,5	83,0
57	Batata-inglesa: frita	274,0	4,3	13,2	36,0	1,0	45,5
58	Batata-inglesa: purê c/ leite	65,0	2,1	0,7	13,0	0,4	83,8
59	Batata-doce crua	114,0	1,7	0,4	26,3	0,7	70,9
60	Cerveja (3,6 g álcool)	42,0	0,3		3,8		95,9

ITEM n.	ALIMENTO	Caloria	Proteína grama	Gordura grama	Glicídio grama	Fibra grama	Água %
61	Vinho (9,9 g álcool)	85,0	0,1		4,2		95,7
62	Vinho (33,4 g álcool)	231,0					100,0
63	Vinho (36,0 g álcool)	249,0					100,0
64	Vinho (42,5 g álcool)	295,0					100,0
65	Conhaque	249,0			0,8		100,0
66	Licores	342,0	0,0	0,0	25,4	0,0	100,0
67	Batidas	252,0	0,5	0,5	17,9		100,0
68	Beiju	359,0	1,8	0,5	86,9	1,9	8,9
69	Berinjela	27,0	1,0	0,3	6,3	1,2	91,2
70	Beterraba	42,0	1,7	0,1	9,5	1,0	87,7
71	Biscoito doce	407,0	9,0	7,8	74,1	0,5	8,6
72	Biscoito de polvilho	436,0	2,7	10,2	79,6	0,1	7,4
73	Biscoito salgado (tipo *cream cracker*)	369,0	7,4	17,0	45,8	0,2	29,6
74	Bolo de milho	290,0	5,1	6,7	54,3	0,4	33,5
75	Bredo	46,0	5,5	0,3	8,0		86,2
76	Brócolos	39,0	4,5	0,6	6,4	1,6	86,9
77	Buriti	144,0	2,6	11,0	13,1	7,6	65,7
78	Cabeluda	75,0	1,8	0,5	18,0	8,5	71,2
79	Cacau: pó	71,0	2,8	0,3	16,5	1,1	79,3
80	Café: bebida s/ açúcar	2,0	0,3	0,1	0,8		98,8
81	Café: grão torrado	226,0	12,6	14,8	63,4	7,6	1,6
82	Cajá: manga	46,0	0,2	0,1	12,4	1,1	86,2
83	Caju	46,0	0,8	0,2	11,6	1,5	85,9
84	Caldo de carne	57,0	3,2	2,2	5,8	0,1	86,9
85	Camarão cru	91,0	16,1	0,8	1,5		81,6
86	Cana-de-açúcar	63,0	0,4	0,2	15,0		84,4
87	Canjica (munguzá)	100,0	2,2	1,7	19,6	0,2	76,3
88	Caqui	77,0	0,7	0,4	19,7	1,6	77,6
89	Cará	100,0	2,0	0,2	24,3	0,6	72,9
90	Carambola	36,0	0,5	0,3	8,8	0,9	89,5
91	Caranguejo cozido	93,0	17,3	1,9	0,5		80,3
92	Carne: Cabrito	165,0	18,7	9,4			71,9
93	Carne: Carneiro	253,0	18,2	19,4			62,4
94	Carne: Cavalo	118,0	18,1	4,1	0,9		76,9
95	Carne: Coelho	159,0	20,4	8,0			71,6
96	Carne: Galinha Crua	130,0	20,6	4,7			74,7

ITEM n.	ALIMENTO	Caloria	Proteína grama	Gordura grama	Glicídio grama	Fibra grama	Água %
97	Carne: Galinha cozida	176,0	28,0	6,3			65,7
98	Carne: Galinha (coração)	157,0	20,5	7,0	1,6		70,9
99	Carne: Ganso — cru	354,0	16,4	31,5			52,1
100	Carne: Lebre	135,0	21,0	5,0			74,0
101	Carne: Ovelha — magra	136,0	19,0	6,1			74,9
102	Carne: Ovelha — semigorda	253,0	18,2	19,4			62,4
103	Carne: Ovelha — gorda	292,0	15,6	25,0			59,4
104	Carne: Ovelha — fígado	128,0	20,3	4,2	0,9		74,6
105	Carne: Pato	326,0	16,0	28,6			55,4
106	Carne: Peru — branca crua	116,0	24,6	1,2			74,2
107	Carne: Peru — branca assada	176,0	32,9	3,9			63,2
108	Carne: Peru — escura crua	128,0	20,9	4,3			74,8
109	Carne: Peru — escura assada	203,0	30,0	8,3			61,7
110	Carne: Pomba	279,0	18,6	22,1			59,3
111	Carne: Porco — lombo assado	362,0	24,5	28,5			47,0
112	Carne: Porco — pernil cru	308,0	15,9	26,6			57,5
113	Carne: Porco — pernil assado	374,0	23,0	30,6			46,4
114	Carne: Porco — fígado	140,0	19,2	5,4	2,5		72,9
115	Carne: Porco — presunto (conserva)	394,0	21,9	33,3			44,8
116	Carne: Porco — chouriço	232,0	19,5	15,1	3,3	0,3	62,1
117	Carne: Porco — linguiça crua	498,0	9,4	50,8			39,8
118	Carne: Porco — linguiça frita	476,0	18,1	44,2			37,7
119	Carne: de sol (carne-seca)	441,0	42,0	29,0			29,0
120	Carne: Tatu	172,0	29,0	5,4			65,6
121	Carne: Vaca — gorda	297,0	16,0	25,4			58,6
122	Carne: Vaca — semigorda	244,0	18,7	18,2			63,1
123	Carne: Vaca — magra	113,0	21,4	2,4			76,2
124	Carne: Vaca — coração	115,0	17,0	3,4	3,0		76,6
125	Carne: Vaca — fígado	134,0	19,8	3,9	3,6		72,7
126	Carne: Vaca — língua	191,0	16,0	13,2	0,9		69,9
127	Carne: Vaca — rim	124,0	16,8	5,0	1,8		76,4
128	Carne: Vaca — costela	401,0	14,8	37,4			47,8
129	Carne: Vaca — carne-seca	317,0	64,8	4,5			30,7
130	Carne: Vaca — estômago	90,0	14,0	2,7	1,4	0,3	81,6
131	Carne: Vaca — miolos	134,0	10,4	9,6	0,8		79,2
132	Carne: Veado	146,0	29,5	2,2			68,3

ITEM n.	ALIMENTO	Caloria	Proteína grama	Gordura grama	Glicídio grama	Fibra grama	Água %
133	Carne: Vegetal — soja	106,0	13,1	3,2	8,7	0,4	74,6
134	Carne: Vitela crua	128,0	18,9	5,9			75,2
135	Carambola	35,0	0,7	0,5	8,0	0,9	89,9
136	Caruru	23,0	1,1	0,3	4,4		94,2
137	Caseína em pó	315,0	78,7				21,3
138	Castanha-de-caju (sem sal)	561,0	17,2	45,7	29,3	1,4	6,4
139	Castanha-do-pará	640,0	13,2	60,3	20,5	1,2	4,8
140	Cebola	38,0	1,5	0,1	8,7	0,6	89,1
141	Cenoura crua	42,0	1,1	0,2	9,7	1,0	88,0
142	Cenoura cozida	31,0	0,9	0,2	7,1	0,6	91,2
143	Centeio: farinha	330,0	13,2	2,6	71,2	2,4	10,6
144	Cereja	63,0	1,8	0,4	14,8	1,0	82,0
145	Cevada: grão	348,0	9,7	1,9	75,4	6,5	6,5
146	Chá-preto: bebida s/ açúcar	2,0	0,1		0,4		99,5
147	Chicória (escorada)	20,0	1,7	0,2	4,1	0,9	93,1
148	Chocolate simples s/ açúcar	248,0	3,8	16,8	75,1	1,0	3,3
149	Chocolate em pó	362,0	11,7	33,5	45,3	2,4	7,1
150	Chocolate (tablete)	528,0	4,4	35,1	57,9	0,5	2,1
151	Chouriço	232,0	19,5	15,1	3,3	0,3	61,8
152	Chuchu	28,0	0,6	0,1	7,1	0,7	91,5
153	Chucrute	19,8	1,1	0,2	3,4		95,3
154	Coalhada	62,0	3,0	3,4	4,9		88,7
155	Coca-cola	43,0			11,0		89,0
156	Cocada	548,0	3,6	39,1	53,2	4,1	
157	Coco: maduro	296,0	3,5	27,2	13,7	3,8	51,8
158	Coco: água de coco	18,0	0,2	0,1	4,1		95,6
159	Coco: leite industrializado	240,0	3,2	24,9	5,2		66,7
160	Cogumelo	28,0	2,7	0,3	4,4	0,8	91,8
161	Couve: crua	44,0	4,5	0,7	7,5	1,3	86,0
162	Couve: cozida	22,0	2,3	0,2	4,1	1,0	92,4
163	Couve-flor: crua	33,0	2,8	0,4	6,5	1,0	89,3
164	Creme de leite industrializado	300,0	2,5	31,3	3,6		62,6
165	Chantily: creme	443,0	6,7	37,4	22,2		33,7
166	Damasco: fresco	57,0	0,8	0,6	13,8	1,1	83,7
167	Doce à base de leite	103,0	2,6	2,8	17,2		77,4
168	Doce à base de ovos	125,0	2,0	2,3	24,7		71,0

ITEM n.	ALIMENTO	Caloria	Proteína grama	Gordura grama	Glicídio grama	Fibra grama	Água %
169	Doce de batata-doce	238,0	1,1	0,4	59,0	0,6	38,9
170	Doce de frutas (em calda, caseiro)	78,0	0,3	0,3	19,2	0,5	79,7
171	Doce de frutas (em calda, industrializado)	72,0	0,4	0,1	18,7	0,4	80,4
172	Doce de frutas (em pasta, caseiro)	305,0	0,3	0,1	78,5	0,2	20,9
173	Doce de frutas (em pasta, industrializado)	249,0	0,5	0,1	74,1	0,9	24,4
174	Ervilha: crua	84,0	6,3	0,4	14,4	2,0	76,9
175	Ervilha: cozida	71,0	5,4	0,4	12,1	2,0	80,1
176	Espinafre: folha e talo	30,0	2,8	0,7	4,9	0,6	91,0
177	Fanta (Refrigerante)	54,0		0,0	14,5		85,5
178	Fava	118,0	9,3	0,4	20,3	3,8	66,2
179	Fécula de batata	332,0	0,1	0,1	82,1		17,7
180	Feijão-branco: cru	340,0	22,3	1,6	61,3	4,3	10,5
181	Feijão-branco: cozido	118,0	7,8	0,6	21,2	1,5	68,9
182	Feijão: broto	62,0	7,7	1,8	8,0	0,7	81,8
183	Feijão-vermelho: cru	343,0	22,5	1,5	61,9	4,2	9,9
184	Feijão-vermelho: cozido	118,0	7,8	0,5	21,4	1,5	68,8
185	Feijão-preto: cru	339,0	22,3	1,5	61,2	4,4	10,6
186	Feijoada caseira	152,0	8,6	8,6	10,5	0,7	71,6
187	Fígado de qualquer animal	136,0	19,9	3,8	4,4		71,9
188	Figo: verde	42,0	1,6	0,2	9,8	1,9	86,5
189	Figo: maduro	62,0	1,2	0,2	15,6	1,6	81,4
190	Figo: seco	274,0	4,3	1,3	69,1	5,6	19,7
191	Framboesa	73,0	1,5	1,4	15,7	5,1	76,3
192	Fruta-do-conde	96,0	1,6	0,2	24,6	1,6	72,0
193	Fruta-pão	81,0	1,3	0,5	20,1	1,8	76,3
194	Fubá	368,0	7,8	2,6	76,8	0,7	12,1
195	Gelatina (pó)	335,0	85,6	0,1			14,3
196	Geleia de frutas	238,0	0,1	0,1	61,6		38,2
197	Geleia de mocotó	147,0	3,0		35,0		68,0
198	Gemada	210,0	6,4	6,0	33,5		54,1
199	Goiaba	69,0	0,9	0,4	17,3	5,3	76,1
200	Gordura vegetal (coco)	883,0		99,9			0,1
201	Gordura porco (banha)	816,0	3,0	89,0			8,0
202	Grão-de-bico: cozido	124,0	6,6	2,0	22,9	1,3	67,2
203	Grão-de-bico: cru	360,0	20,5	4,8	61,0	5,0	8,7
204	"Grape-fruit"	38,0	0,6	0,2	9,6	0,2	89,4

ITEM n.	ALIMENTO	Caloria	Proteína grama	Gordura grama	Glicídio grama	Fibra grama	Água %
205	Graviola	60,0	1,0	0,4	14,9	1,1	82,6
206	Guaraná: refrigerante	31,0			8,0		92,0
207	Inhame	100,0	2,0	0,2	24,3	0,6	72,9
208	Jabuticaba	46,0	0,1		12,6	0,1	87,2
209	Jaca	98,0	1,3	0,3	25,4	1,0	72,0
210	Jambo	50,0	0,8	0,2	12,8	1,1	85,1
211	Jenipapo	113,0	5,2	0,3	25,7	9,4	59,4
212	Jiló	38,0	1,4	1,1	7,0	1,2	89,3
213	Lagosta cozida	95,0	18,7	1,5	0,3		79,5
214	Laranja: fruta	42,0	0,8	0,2	10,5	0,4	11,9
215	Laranja: suco	40,0	0,4	0,3	9,3	0,0	90,0
216	Leite: vaca integral	65,0	3,5	3,5	4,9		88,1
217	Leite: desnatado	36,0	3,6	0,1	5,1		91,2
218	Leite: pó integral	502,0	26,4	27,5	38,2		7,9
219	Leite: pó desnatado	363,0	35,9	0,8	52,3		11,0
220	Leite: condensado	321,0	8,1	8,7	54,7		28,5
221	Leite: creme de leite	340,0	2,3	36,6	2,1		59,0
222	Leite: cabra	92,0	3,9	6,2	5,4		84,5
223	Leite: humano	77,0	1,1	4,0	9,5		85,4
224	Leite: soja	38,0	3,0	1,4	3,8		91,8
225	Leite: vaca pasteurizado	61,0	3,6	3,0	4,9		88,5
226	Lentilha: cozida	106,0	7,8		19,3	1,2	71,7
227	Lentilha: crua	340,0	24,7	1,1	60,1	3,9	10,2
228	Levedo de cerveja	283,0	38,8	1,0	38,4	1,7	20,1
229	Levedura	86,0	12,1	0,4	11,0		76,5
230	Lima	32,0	0,4	1,4	7,0	0,3	90,9
231	Limão	29,0	0,6	0,6	8,1	0,6	90,1
232	Limão: suco	22,0	0,3	0,2	7,7		91,8
233	Linguiça	304,0	12,1	27,5	1,1		59,3
234	Macarrão: seco (enriquecido)	369,0	12,5	1,2	75,2	0,3	10,8
235	Macarrão: pré-cozido	148,0	5,0	0,5	30,1	0,1	64,3
236	Macarrão: espaguete cozido	148,0	5,0	0,5	30,1	0,1	64,3
237	Macarronada	243,0	8,0	12,0	27,4	0,5	52,1
238	Maçã	58,0	0,3	0,3	15,2	0,7	83,5
239	Maionese industrializada	384,0	1,1	36,8	13,9		48,2
240	Mamão	59,0	1,1	0,2	19,9	1,4	77,4

ITEM n.	ALIMENTO	Caloria	Proteína grama	Gordura grama	Glicídio grama	Fibra grama	Água %
241	Mandioca: raiz crua	132,0	1,0	0,4	32,8	1,0	64,8
242	Mandioca: farinha	320,0	1,7	0,5	81,0	1,8	15,0
243	Mandioca: cozida	119,0	0,6	0,2	28,9	0,8	69,5
244	Mandioquinha (batata-baroa)	126,0	1,5	0,3	29,7	0,6	67,9
245	Manga	59,0	0,5	0,2	15,4	0,8	83,1
246	Mangaba	43,0	0,7	0,3	10,5	0,8	87,7
247	Manteiga: sem sal	743,0	1,0	84,0			15,0
248	Manteiga: com sal	716,0	0,6	81,0	0,4		18,0
249	Mariscos	50,0	7,6	1,2	1,6		89,6
250	Maracujá	90,0	2,2	0,7	21,2		75,9
251	Margarina	720,0	0,6	81,0	0,4		18,0
252	Marmelo	63,0	0,6	0,3	16,3	2,2	80,6
253	Marmelada	278,0	0,5	0,3	70,8	0,6	27,8
254	Mel de abelha	306,0	0,2		78,0	0,1	21,7
255	Melado	284,0	0,5	0,2	72,6	0,5	26,2
256	Melancia	22,0	0,5	0,1	5,3	0,2	93,9
257	Melão	25,0	0,5	0,1	6,2	0,5	92,7
258	Milho: grão cru	348,0	8,9	3,9	72,2	2,0	13,0
259	Milho: farinha	368,0	7,8	2,6	76,8	0,7	12,1
260	Milho: cozido enlatado	82,0	2,1	0,6	20,0	0,5	76,8
261	Milho: curau	120,0	3,3	0,7	26,2	0,2	69,6
262	Mingaus	136,0	3,6	3,4	22,7	0,2	70,1
263	Morango	36,0	0,8	0,3	8,5	1,3	89,1
264	Mortadela	315,0	20,4	25,0	0,6		54,0
265	Mostarda	27,0	2,6	0,4	4,8	1,0	91,2
266	Nabo	27,0	0,8	0,2	5,7	0,8	92,5
267	Nectarina	64,0	0,6		17,1	0,4	81,9
268	Nêspera	44,0	0,2	0,6	10,7	0,8	87,7
269	Nescau	215,0	19,2	12,7	50,2	5,2	12,7
270	Nhoque	118,0	4,4	1,9	21,4	0,4	71,9
271	Noz	664,0	13,7	67,2	13,2	2,0	3,9
272	Óleo (todos os tipos)	884,0		100,0			
273	Ovomaltine	393,0	8,5	2,8	83,9		4,8
274	Ovos de galinha (cru)	163,0	12,9	11,5	0,9		74,7
275	Ovos de galinha: clara crua	51,0	10,9		0,8		88,3
276	Ovos de galinha: gema crua	348,0	16,0	30,6	0,6		52,8

ITEM n.	ALIMENTO	Caloria	Proteína grama	Gordura grama	Glicídio grama	Fibra grama	Água %
277	Ovos de galinha: gema cozida	163,0	12,9	11,5	0,9		75,0
278	Ovos de galinha: omelete	173,0	11,2	12,9	2,4		73,5
279	Ovos de galinha: "poached"	163,0	12,7	11,6	0,8		74,9
280	Ovos de galinha: frito	173,0	11,2	12,9	2,4		73,5
281	Palmito	26,0	2,2	0,2	5,2	0,6	91,8
282	Pão doce	274,0	7,5	1,4	56,3	0,3	34,5
283	Panqueca	243,0	8,0	12,0	27,4	0,5	52,1
284	Pão: integral	286,0	9,4	1,5	57,5	1,0	30,6
285	Pão: francês	317,0	10,8	1,8	63,1	0,4	23,9
286	Pão: centeio	261,0	9,2	0,7	53,4	1,2	35,5
287	Passa de uva	282,0	2,5	0,3	75,2	1,0	21,0
288	Pamonha	254,0	4,4	7,6	42,9		45,1
289	Patê	414,0	10,0	40,2	2,2		47,6
290	Pé de moleque	418,0	7,4	14,1	70,5	0,1	7,9
291	Pescados ou peixes: anchovas	95,0	21,5	0,4			78,1
292	Pescados ou peixes: arenque	142,0	19,0	6,7			74,3
293	Pescados ou peixes: atum em conserva (em azeite)	288,0	24,2	20,5			55,3
294	Pescados ou peixes: bacalhau fresco	77,0	17,5	0,3			82,2
295	Pescados ou peixes: bacalhau seco	130,0	29,0	0,7			70,3
296	Pescados ou peixes: bagre	136,0	17,6	16,8			65,6
297	Pescados ou peixes: camarão fresco	91,0	18,1	0,8	1,5		79,6
298	Pescados ou peixes: camarão seco (salgado)	293,0	63,0	2,2	1,0		33,8
299	Pescados ou peixes: camarão frito	225,0	20,3	10,8	10,0		58,9
300	Pescados ou peixes: caranguejo fresco	93,0	17,3	1,9	0,5		80,3
301	Pescados ou peixes: corvina	100,0	20,8	1,2			78,0
302	Pescados ou peixes: farinha de peixe	336,0	78,0	0,3			21,7
303	Pescados ou peixes: lagosta — crus	88,0	16,2	1,9	0,5		81,4
304	Pescados ou peixes: lagosta — cozidos	95,0	18,7	1,5	0,3		79,5
305	Pescados ou peixes: linguado	87,0	19,0	0,5			80,5
306	Pescados ou peixes: ostra	44,0	5,8	0,5	3,5		90,2
307	Pescados ou peixes: peixe-rei	87,0	18,8	0,8			80,4
308	Pescados ou peixes: pescado	99,0	19,6	1,7			78,7
309	Pescados ou peixes: polvo	56,0	12,6	0,3			87,1
310	Pescados ou peixes: sardinha enlatada (azeite)	311,0	20,6	24,4	0,6		54,4

ITEM n.	ALIMENTO	Caloria	Proteína grama	Gordura grama	Glicídio grama	Fibra grama	Água %
311	Pescados ou peixes: sardinha enlatada (tomate)	196,0	18,7	12,2	1,7	1,7	65,7
312	Pepino	15,0	0,7	0,1	3,4	0,4	95,4
313	Pêra	56,0	0,3	0,2	14,8	1,9	82,8
314	Pêssego (com casca)	52,0	0,8	0,2	13,3	0,9	84,8
315	Picles	146,0	0,7	0,4	36,5		62,4
316	Pimentão: verde cru	38,0	1,9	0,6	8,0	2,2	87,3
317	Pinhão	634,0	15,3	61,3	16,8	2,2	4,4
318	Pipoca preparada	402,0	12,7	5,0	76,7		5,6
319	Pitanga	51,0	0,8	0,4	12,5	0,6	85,7
320	Pitomba	34,0	0,4	0,1	8,8	2,0	88,7
321	Pizza: com queijo	236,0	12,0	8,3	28,3	0,3	51,1
322	Presunto	308,0	15,9	26,6			57,5
323	Queijo: comum ("Cheddar")	398,0	25,0	32,2	2,1		40,7
324	Queijo: minas fresco	243,0	18,0	19,0			63,0
325	Queijo: parmesão	393,0	36,0	26,0	2,9		35,1
326	Queijo: prato	392,0	28,3	30,6	0,6		40,5
327	Quiabo cozido	29,0	2,0	0,3	7,6	1,0	89,1
328	Rabanada	300,0	9,5	8,0	50,3	0,2	32,0
329	Rabanete	25,0	1,1		5,5	0,7	92,7
330	Rábano: folha	52,0	2,8	0,5	9,9	1,3	85,5
331	Rábano: raiz	23,0	0,9	0,1	5,0	0,7	93,3
332	Rapadura	356,0	0,4	0,5	90,6	0,1	8,4
333	Repolho	28,0	1,7	0,2	6,1	1,0	91,0
334	Requeijão	106,0	13,6	4,2	2,9		79,3
335	Romã	67,0	0,8	0,7	16,2	2,0	80,3
336	Ruibarbo: talos	18,0	0,7	0,2	4,1	0,7	95,2
337	Sagu	157,0	2,4	0,1	39,0	1,9	56,6
338	Salada de frutas	115,0	0,6	0,9	27,9	0,5	70,1
339	Salame	450,0	23,8	38,1	1,2		36,9
340	Salsa	43,0	3,2	0,6	8,5	1,3	86,4
341	Salsicha enlatada (tipo Viena)	240,0	14,0	19,8	0,3		65,9
342	Sapoti	96,0	0,7	0,1	25,9	9,9	63,4
343	Siri	100,0	17,9	2,0	1,3		78,8
344	Seriguela ou ceriguela	83,0	0,9	0,1	22,0	0,4	76,6
345	Soja: grão cru	398,0	33,4	16,4	35,5	5,7	9,0

ITEM n.	ALIMENTO	Caloria	Proteína grama	Gordura grama	Glicídio grama	Fibra grama	Água %
346	Soja: farinha	335,0	42,8	3,3	39,0	1,7	13,2
347	Soja: cozida	160,0	14,0	7,1	12,8	1,7	64,4
348	Sopas	42,0	1,2	1,5	5,2	0,2	91,9
349	Sorgo: grão	342,0	8,8	3,2	76,3	2,3	9,4
350	Sorvete cremoso	222,0	2,6	16,1	18,0		63,3
351	Sorvete de frutas	78,0	0,4		32,6		67,0
352	Suco de fruta (tipo refresco)	51,0	0,4	0,1	12,5	0,1	86,9
353	Suspiro	366,0	1,7	0,1	92,6		5,6
354	Tamarinho	272,0	3,1	0,4	71,8	3,0	21,7
355	Tangerina	43,0	0,7	0,2	10,9	0,4	87,8
356	Tomate: maduro	21,0	0,8	0,3	4,6	0,6	93,7
357	Tomate: verde	21,0	1,2	0,2	4,6	0,6	93,4
358	Tomate: extrato	39,0	1,7	0,2	8,9	0,4	88,8
359	Tomate: suco ("cocktail")	19,0	0,9	0,1	4,3	0,2	94,5
360	Torradas	313,0	10,4	2,6	62,0	0,6	24,4
361	Torresmo	602,0	11,3	61,4			27,3
362	Toucinho: cru	665,0	8,4	69,3	1,0		21,3
363	Toucinho: frito	611,0	30,4	52,0	3,2		14,4
364	Toucinho: defumado	631,0	9,1	65,0	1,6		24,3
365	Trigo: grão integral	330,0	14,0	2,2	69,1	2,3	12,4
366	Trigo: farinha	365,0	11,8	1,1	74,7	0,3	12,1
367	Umbu	44,0	0,6	0,4	10,6	1,5	86,9
368	Uva	68,0	0,6	0,7	16,7	0,5	81,5
369	Uvaia	34,0	1,7	0,4	6,8	1,1	90,0
370	Vagem	36,0	2,0	0,2	6,6	1,2	90,0
371	Vatapá	126,0	8,5	6,2	9,4	0,5	75,4
372	Vinagre	12,0			5,0		95,0
373	Vísceras salgadas	240,0	36,0	7,7	4,2		52,1
374	Vitamina de fruta (c/ leite)	96,0	3,5	3,3	15,5	0,2	77,5
375	Vitamina de fruta (s/ leite)	90,0	0,8	0,8	20,6	0,4	77,4
376	Iogurte	62,0	3,0	3,4	4,9		88,7
377	"Waffles"	379,0	9,3	9,8	37,5	0,1	43,3

Produção Gráfica e Editoração Eletrônica: **RLUX**
Capa: **FÁBIO GIGLIO**
Impressão: **COMETA GRÁFICA E EDITORA**